하늘에서 온
메시지

A message from God
by Retha and Aldo Mc Pherson

Copyright ⓒ 2007 by Retha Mc Pherson
Published by Destiny Image
P.O. Box 310, Shippensburg, PA 17257-0310

Korean translation Copyright ® 2011 by Pure Nard
2F 16, Eonju-ro 69-gil Gangnam-gu, Seoul, Korea

The Korean edition is published by arrangement with Destiny Image.
All rights reserved.

본 저작물의 한국어판 저작권은 Destiny Image와의 독점 계약으로 한국어 판권은 '순전한 나드'가 소유합니다.
저작권자의 허락 없이 이 책의 일부 또는 전체를 무단 복제, 전재, 발췌하면 저작권법에 의해 처벌을 받습니다.

리타 & 알도 맥퍼슨 지음

하늘에서 온 메시지

**열두 살 소년의
천국 방문 이야기**

예수님과의 대화를 주목하라

A message from God

이 책을 천국에 있는 안톤과 드웨인에게 헌정한다.
하나님께서 네 부모님을 찾을 수 있게 도와주셨어.
천국에서 다시 만나자.
♥ 사랑하는 알도가

나의 삶에 넘치는 은혜와 사랑을 부어 주신 하나님 아버지와
나를 위해 값진 보혈을 흘려 주신 예수님과
나를 죽음에서 들어 올리신 가장 좋은 친구 성령님께
이 책을 드립니다.

타이너스, 알도에 대한 당신의 한없는 인내심과 결단력,
그리고 나를 헌신적으로 도와준 데 대해 감사드려요.
나는 당신의 소소한 행동까지 다 지켜보고 있었고
나를 돕기 위해 당신이 해 준 모든 것이 감사할 따름이에요.
우리는 당신을 많이 의지해 왔고
그 어느 때보다도 당신의 든든한 믿음에 감사하고 있답니다.

조쉬, 너는 우리를 늘 미소 짓게 해.
마치 비 온 뒤 비치는 환한 햇살처럼,
너를 무척 사랑한다!
알도, 너는 나의 챔피언이야!

차례 CONTENTS

들어가는 글　···　8

제1장 우리 이야기

꿈을 향해 뛰어라	···	15
질그릇 조각	···	24
혀의 열매	···	28
하늘 보좌가 있는 방	···	39
믿음의 선한 싸움	···	53
파도를 넘어서	···	61
하나님의 메신저	···	69
새 목소리 찾기	···	79
고난 속에 꽃피는 우정	···	89
신랑을 기다리며	···	94
새로운 현실	···	103
증인으로 부르심	···	109

제2장 풍요로운 삶의 발견

두려움을 극복하라	···	*120*
절대 뒤돌아보지 마라	···	*124*
용서는 선택이다	···	*128*
감사하라	···	*134*
부르심의 성취	···	*138*
긍정의 힘	···	*143*
조건 없는 사랑	···	*149*
말씀을 먹으라	···	*154*
전신갑주를 입으라	···	*159*
열매 맺는 삶	···	*166*
성령 충만한 삶	···	*170*
*기도의 영	···	*175*
*양자의 영	···	*181*
*순종의 영	···	*186*
*믿음의 영	···	*191*
*예배의 영	···	*195*
*진리의 영	···	*200*
*언약의 영	···	*206*
하나님께 돌아가기	···	*211*
화려한 모자이크	···	*218*

들어가는 글 PREFACE

나는 항상 나 자신을 크리스천이라고 믿었고 그렇게 소개해 왔다. 나는 삼위일체 하나님을 믿었고 교회에서 봉사도 하면서 살았기 때문에 하나님을 잘 알고 있다고 생각했었다.

그런데 되돌아보니 나는 단지 자기 의로 가득 찬 삶을 살아왔을 뿐이었다. 실제로는 하나님의 성품에 대해 잘 알지도 못했고 '완전히 하나님께 바쳐진 삶' 즉, 하나님이 받으실 만한 유일한 희생 제물로 사는 것이 어떤 삶인지도 전혀 이해하지 못했다! 그렇기에 나는 내 아들을 포함한 나의 모든 것을 하나님께 기꺼이 올려 드리게 될 때까지 끔찍한 비극과 엄청난 고난을 겪어야만 했다. 그 모든 일을 통과한 후에야 하나님을 내 삶의 주인으로 모실 수 있었고, 하나님을 인격적으로 알아가기 시작했다. 이 모든 고통은 겪을 만한 가치가 충분히 있었다! 왜냐하면 고통을 겪으면서 예수님이 나를 구원하기 위해 이미 충분한 대가를 치르셨다는 사실을 깨달았기 때문이다. 나는 내 생명을 산 제물로 하나님께 드리고 난 후에야 내 삶을 향한 하나님의 온전한 계획을 따라갈 수 있었다. 즉 살아 계신 하나님과 사랑의 관계를 형성할 수 있게 된 것이다. 이제는 하나님을 영화롭게만 해 드릴 수 있다면 죽고 사는 것은 별문제가 아니라고 주저 없이 고백할 수 있다.

이 책 첫 번째 장에는 겉으로는 완벽해 보였던 한 가족이 하루아침에 산산조각이 나면서 오직 하나님의 약속과 하나님께만 필사적으로 매달릴 수밖에 없었던 이야기가 나온다. 두 번째 장에는 내 아들 알도에게 전해주신 메시지와 이 메시지에 대한 내 생각이 실려 있다. 모든 일을 신비스러운 방식으로 하시기를 즐기시는 하나님은 어떤 문제에 대해서는 알도와 나에게 동시에 말씀하시곤 하셨다. 나는 우리가 쓴 내용이 성경 말씀과 같은 맥을 유지한다고 믿고 있으며, 하나님의 말씀에 대한 우리의 생각을 테스트해 보라고 당신을 초대하고 싶다.

이 책은 예수님이 살아 계신다는 사실을 많은 사람에게 알리려는 목적으로 만들어졌다. 예수님은 당신의 마음은 물론 삶 전부가 되기를 원하시는 위대하고 놀라우신 하나님이며, 자신의 삶을 기꺼이 산 제물로 그분께 바치려는 예수님의 흠 없는 신부를 위해 다시 이 땅으로 돌아오실 분이다. 알도와 나는 하나님이 지금도 여전히 기적을 행하시며 당신과 사랑의 관계를 맺기 위해 성령님으로 당신을 충만하게 해주고 싶어 하는 분이라는 사실을 알려주고 싶다.

이 책은 단순한 책이 아니라 모든 사람에게 아버지가 주시는, 그분의 심장에서 직접 나온 메시지를 주는 책이다. 귀 있는 자는 성령님이 하시는 말씀을 듣게 될 것이다.

당신 안에 계신 하나님의 영이 당신을 일깨워서 이 책을 읽는 동안 당신의 마음이 불타는 듯한 느낌으로 가득 차게 되기를 기도한다. 만약 당신이 하나님을 찾고 있었다면 이 책을 읽는 동안 그분을 만나게 되리라고 확신한다. "나를 찾는 자는 만나게 될 것"이라고 약속하셨기 때문이다.

나는 남편이 나를 행복하게 해 주어야 할 의무가 있는 사람이라고 오랫동안 믿어왔는데, 어느 순간 그 어떤 인간도 사람을 완벽하고 행복하게 만들 수 없다는 사실을 깨닫게 되었다. 그러나 오직 예수님만은 사람을 완벽하게 행복하게 하실 수 있다. 예수님만이 모든 의문에 해답이 되시며 모든 문제의 해결책이 되시고 우리의 모든 필요와 갈망을 채우실 수 있다. 그분은 모든 사람에게 전부가 되어 주실 수 있는 분이다! 나는 성공과 부와 명성과 완벽주의 같은 것들로 나의 목마름을 해소하고자 노력했다. 그러나 이제 성령의 불이 나의 내면에서 겉모습까지 정결하게 불태우며, 예수님이 생수의 근원이 되신다는 사실을 잘 알고 있다. 그분만이 유일하게 나의 갈증을 영원토록 해소시킬 수 있다.

예수님은 우리에게 성령으로 세례를 주시는 분이다. 고린도전서

3장 13절에서는 불이 모든 사람의 공력을 시험하여 각 사람의 행위에 대한 가치와 실체를 드러나게 할 것이라고 가르친다. 당신이 성령으로 세례를 받을 때, 성령의 불을 받게 되며, 하나님의 충만함을 경험할 것이다. 그때서야 이 어두운 세상의 빛이 될 수 있다.

하나님은 사람들의 삶을 간섭하셔서 그들이 하나님께 온전히 헌신하고 청결한 마음을 갖도록 하신다. 나는 최근에 하나님을 매일 새롭게 발견하는 재미에 푹 빠져서 시간 가는 줄도 모르고 말씀을 읽고 있다. 나의 시간 전부를 오직 그분을 찬양하고, 경배하며, 기도하는 일에 사용하고 싶다. 영으로 거듭남을 체험해야만 예수님께서 요한복음 10장 10절에서 말씀하신 풍성한 삶을 경험할 수 있다.

풍성한 삶은 은행 잔고나 물질적인 풍요와는 아무런 상관이 없다. 단순히 하나님께 완전히 녹아 있는 삶의 모습을 의미할 뿐이다. 이 책 제2장의 내용은 알도가 쓴 글을 보충한 것이기도 하지만, 우리 구주 예수님과 가까이 동행하기를 원하는 모든 사람의 삶에 길잡이가 되도록 구성하였다.

반드시 기억해야 할 사실 한 가지는 예수님이 살아 계시다는 것이다!

리타

Dan almal wat ook Jesus
se teenwoordigheid vaan
met my soek. Wees
as Hy ons nam he
Dit gaan rangryer
as wat ons dink Jesus
kom ons aanneem wees onder
sal Hy het biol y om my na
doen dit asb gow.
nog n keer Jesus jies de
volmaakte prys betaal
jou en my Hy het my klees
gewas in die Hemel en ook
die hel Glo my Jy wil nie
hel toe gaan nie! Jal Jy
nou Jesus aanneem ah
Jesus het dan jou lief Jy is ŋ? R
Jy is die rede waarom Hy
my terug gestuur het Ek wou
nie terug gekom het nie. Maar Hy will
hy moet reg wees.

제 1 장

우리 이야기

Our story

A message from God

꿈을 향해 뛰어라

2004년은 내 생애 최고의 해였다. 만사가 순조롭게 진행되었고 시작하는 일마다 대성공을 거두었다. 나는 내가 하는 일이 오직 하나님을 섬기는 일에 헌신하는 일이라고 생각했으며, 이렇게 사는 것이 크리스천이 마땅히 걸어야 할 길이라고 생각했다. 따라서 내가 전심전력으로 하는 일이 성공하는 것은 당연하다고 생각했다. 그러나 하나님은 이런 나의 생각이 어리석다는 사실을 점차 알려주기 시작하셨다.

어느 날, 해변에 앉아 있는데 하나님께서 "리타, 유다의 사자가 네 안에 살고 있다"고 말씀하셨다. 세상적인 사고에 길들여진 나는 '하나님께서 아직 나에게 주실 것이 많이 있고, 그것을 얻기 위해서는 더 열심히 노력해야 한다'라는 뜻으로 이 말씀을 해석했다. 하나님께서 내게 능력을 주신 이상, 나는 더 높은 목표를 향해 열심히 뛰어야 한다고 믿었다. 하지만 이 생각은 절반만 옳았다. 하나님은 우리에게 최고의 것을 주기 원하시므로 유다의 사자가 우리 안에 살도록 하시는 것이다. 그러나 최고의 것은 우리의 노력으로 얻어지는 것이 아니라 하나님이 우리에게 거저 주시는 선물이었다. 그 당시 나에게 하나님이 주시는 "최고의 것"이란 내가 소유할 수 있는 물질적인 풍요, 양적 · 질적 증가를 의미했다! 나는 열심히 일할수록 더 부자가 될 수 있다고 믿었고, 더 부자가 될수록 나의 삶을 통해 역사하신 하나님의 은총과 선하심을 더 널리 증거할 수 있다고 생각했다.

나는 개혁 교단에 속한 크리스천이었지만 종교적이었고 영적으로는 죽은 상태였다. 내 안은 텅 비어 있었고, 어떻게 채울 수 있는지 방법을 몰랐지만, 내 삶에서 부족한 부분을 찾고자 필사적으로 노력했었다. 내면의 텅 빈 공간을 채우고자 성경 공부, 수련회, 여선교 모임 등 내가 할 수 있는 모든 방법을 시도해 보았지만, 온전히 헌신할 수 있는 일은 그 어느 곳에서도 찾을 수가 없었다. 영적으로 충만하고 풍성한 삶은 다른 사람들의 이야기인 것만 같았고, 요한복음 10장 10절에서 말씀하신 "풍성한 삶"은 나와는 상관없는 말씀처럼 들렸다.

내적으로는 공허했지만, 열심히 일한 결과 외적인 열매는 풍성했다. 2004년 초에는 이미지 컨설턴트로서 뉴욕과 캐나다에 있는 국회와 각종 세미나에 초대받는 영예를 누렸다. 그러던 어느 눈 오는 날, 나는 캐나다에 있는 한 공원 벤치에 앉아 잎이 다 떨어져서 벌거벗은 팔을 하늘로 뻗고 있는 앙상한 나무를 바라보고 있었다. 눈부시게 빛을 발하는 새하얀 풍경과 깊은 정적이 나를 휘감고 있었는데, 그 순간 하나님의 영이 선명하게 말씀하셨다. "리타, 네 삶을 다오"라고.

무지한 데서 비롯된 내 교만의 영이 반문했다.

"주님, 제 마음을 이미 오랫동안 당신께 바쳐왔는데, 새삼스럽게 무슨 말씀이세요?"

"네 마음은 필요치 않다. 네 마음은 이미 많은 남자에게 주지 않았었니? 네 삶 전부를 원한다. 너의 존재와 너의 가장 소중한 부분을."

나는 잠시 멈칫하며 앞을 응시했다. 나는 더 나은 삶을 살기 위하여 최선을 다했다고 생각했다. 내가 드릴 수 있는 유일한 답변은, "주님, 제 삶을 전부 드리고 싶지만 어떻게 드리는지 방법을 모르겠어요"였다.

내 남편 타이너스와 그 당시 12세였던 장남 알도가 나를 만나러 뉴욕으로 왔다. 우리는 시내 관광을 하며 유엔빌딩에 올라갔다. 그곳에서 전 세계 인종과 언어를 표현한 거대한 모자이크를 보며 놀라움을 금치 못하고 있었는데, 그 순간 성령님의 감동이 전해졌다. 성령께서 내 심령 깊숙한 곳에 "네 삶의 모든 부서진 파편들은 미래에 아름다운 모자이크를 만드는 데 필요한 조각들일 뿐이란다"라고 말씀하시는 것 같았다. 나는 무릎 꿇고 앉아서 입장권에 이 말씀을 기록한 후, 알도와 함께 그 당시에는 몰랐지만 앞으로 닥칠 일과 깊은 연관이 있는 모자이크 앞에서 기념 촬영을 했다.

알도는 그 당시 전형적인 사춘기 소년이었다. 뉴욕에서는 '토이즈 알 어스' 장난감 가게를 가장 좋아했고, 집에서는 자전거를 타고 돌아다니거나 축구나 크리켓 경기를 즐기곤 했다. 그는 여느 사춘기 소년과 다를 바가 없었다. 그가 하나님을 사랑했는지 알 수 없지만, 그 당시 그는 중등부 예배를 정기적으로 드리고 있었고, 사고 직전에도 청소년 캠프에 다녀왔었다. 사실 청소년 캠프에 다녀온 후, 난생 처음으로 알도는 그리스도를 개인의 구세주로 영접했다고 자랑했었다. 중등부 예배가 어떤지 물어볼 때마다 막대 사탕을 입에 물고 엄지손가락을 치켜세우며 "아주 좋았어!"라고 대답하고는 했다.

알도가 태어난 후, 동생을 갖게 해 달라고 수년 동안 기도했는데 알도가 네 살이 되었을 때, 하나님께서 '루이스 마푼구'라는 흑인 예언자를 통해 둘째 아들을 갖게 될 것이라는 예언적인 약속을 주셨다. 그러나 그 약속을 받고 난 후 둘째 아들 조쉬가 태어나기까지 6년 이상을 더 기다려야 했다. 알도와 조쉬는 열 살 터울이다. 우리는 오랜 시간 둘째를 기다려야 했지만, 이는 하나님의 정확한 시간표를 따른 것이었다. 물론 우리가 하나님의 시간표를 따르는 데 어려움을 느끼는 경우가 허다하지만 말이다.

2004년 말에 나는 '미시즈 남아프리카 공화국'으로 당선되는 행운까지 얻었고, 이 타이틀 덕분에 비즈니스에도 큰 도움을 받았다. 그 당시 내가 타이틀을 획득할 때도 마음 깊은 곳에서는 하나님의 뜻이 있다는 사실을 깨닫고 있었다. 뉴욕에서 돌아오는 길에 '미시즈 남아프리카 공화국' 자격으로 주립 극장에서 연설할 기회가 있었는데, 나는 어떤 주제로 연설해야 할지를 심사숙고하면서 하나님께 여쭈었다. 그때 하나님께서는 뉴욕에서 주신 메시지를 상기시키셨다.

나는 우리의 인생을 점토판에 비유하면서, 인생은 매일매일 완성해 나가야 하는 예술 작품이라고 연설을 했다. 우리 각자가 우리의 점토판에 칠을 한다. 어떤 점토판은 온갖 색채와 생명력 때문에 색도 곱고 아름답지만, 또 어떤 점토판은 미완성의 삶을 표현하듯 베이지나 황토색으로 칠해져서 우중충한 모습을 띤다. 더 중요한 사실은 점토판이 우리 손에서 미끄러지는 날에는 바닥으로 떨어져 산산조각이 난다는 것이다. 점토판의 모양과는 상관없이 일단 깨지고 나면 손상 정도를 확인하기 위해 무릎을 꿇어야만 한다.

마찬가지로 당신이 산산조각이 난 인생 앞에 무릎을 꿇는 것은 자연스러운 반응이다. 어떤 사람은 엎드려서 조각들을 모은다. 그다음에 성령님의 인도에 따라 밑그림을 다시 그리고 깨진 조각에 풀칠해서 새로운 모자이크를 만들어 낸다. 왜냐하면 "우리 삶의 모든 부서진 파편들은 미래에 아름다운 모자이크를 만드는 데 필요한 조각들일 뿐"이기 때문이다. 또 어떤 사람은 파편들 위에 무릎을 꿇고 그 역시 파편들을 모으지만, 패배자의 모습으로 주저앉고 만다. 결국, 파편들은 그 사람을 베고 상처를 내서 피를 흘리게 한다. 당신은 지나칠 때마다 그가 삶의 조각난 파편 위에 앉아서 여전히 피를 흘리고 있는 모습을 볼 수 있다. 그는 파편에서 흘러나오는 고통과 비애를 즐기고 있다.

나는 그 당시엔 몰랐지만, 이제는 인생은 순간의 선택이 만들어 간다는 사실을 깨달았다.

하나님은 우리가 선택할 수 있도록 자유의지를 주셨다.
당신은 당신의 선택에 따라 성령님의 인도를 기다리며
부서진 조각들을 갖고 새로운 작품을 만들거나,
자기 연민에 빠져서
자포자기할 수도 있다.

그날 밤 청중들이 이 연설에 감동을 받았다는 사실을 알 수는 있었지만, 집으로 돌아오는 길에 내가 도대체 무슨 말을 했는지 아무리 기억을 더듬어도 전혀 생각이 나지 않았다. 나는 그 점이 신기하기만 했다.

나의 삶은 무엇 하나 빠지는 게 없었다. 성공적인 결혼에, 건강하고 준수한 두 아들에, 사업까지 잘되고 있었다. 나는 늘 꿈꾸던 그림 같은 집으로 이사했고, 사륜구동 신형 차를 샀고, 게다가 미시즈 남아프리카 공화국으로 뽑히기까지 한 것이다! 이 정도면 화려한 색을 입힌 근사한 점토판이 아닌가!

이렇게 많은 사람에게 꿈을 심어 주기 위해 나라 구석구석을 돌며 연설을 하러 다니던 중 포트 엘리자베스에서 집으로 돌아오는 길에 남편이 공항에 마중을 나왔다. 우리는 곧장 마지막 연설 장소인 프레토리아 부근에 있는 존 더 워터 교도소로 향했다. 나는 존 더 워터를 위한 특별 연설을 준비하지 않았기 때문에 남편이 연설 주제를 물었을 때 좀 짜증이 나서, "교도소에 있는 사람들의 생활이 어떤지는 당신이 더 잘 알잖아요" 하고 짧게 대답했다. 그날 밤에 하나님께서 나를 위해 아주 구체적인 일정을 갖고 계시다는 사실을 그때는 알지 못했다.

그날 밤 연설에서 나는 서너 명의 장관이 참석했을 정도로 극진한 귀빈 대우를 받았다. 수감자 중 한 명이 연설 직전 간증을 했다. 그는 전직 사업가로 범죄를 짓고 수감되었는데 가장의 범죄 때문에 온 가족이 고통을 겪어야만 했던 가슴 찡한 이야기였다. 그의 자녀는 학교 친구들과 선생님께는 아빠가 해외에 계시다고 거짓말을 한다고 했다. "그럼에도 불구하고 오늘 밤 여러분이 보고 계신 이 남자는 그 누구보다도 행복한 사람입니다. 이처럼 행복한 시절은 내 생애 처음입니다"라고 간증했다. 마지막으로 그는 자신을 교도소로 보내신 하나님께 감사를 드렸다. "왜냐하면 제가 바로 이곳에서 하나님을 만났기 때문입니다. 바로 이곳에서 왕 중의 왕이신 예수님을 만났고 알게 되었기 때문입니다." 나는 이 간증을 들으며 데살로니가전서 5장 18절을 기억했다.

> "범사에 감사하라 이는 그리스도 예수 안에서 **너희를 향하신 하나님의 뜻이니라**"

그는 자기 눈에서 비늘이 벗겨지면서 진리를 깨닫게 되었으며, 그리스도를 그의 삶에 초청했을 때 완전히 자유롭게 되었다고 열변을 토했다.

이때, 내 눈에서 눈물이 뺨을 타고 주르르 흘러내렸다. 교도소에 갇힌 사람들이 실제로 어떤 죄목으로 갇힌 사람들인 줄도 모르면서 이렇게 감동하는 내 모습이 너무 감상적으로 느껴졌다. 남편은 내가 그토록 감상적인 이유를 알고 싶어 했다.

"그 사람에겐 우리에게 없는 것이 있어요"라고 대답했다.

"뭐라고? 그 오렌지색 유니폼을 입은 사람들에게?" 남편이 다소 코믹하게 응수하며 내 기분을 풀어 주려고 노력했다. 간증한 사람에게는 그 당시에 내가 정확하게 이해하지 못했지만, 내가 늘 원해왔던 모든 이해를 초월하는 하나님의 평강이 있었다. 나는 남편에게 그 사람을 통해 하나님의 영광을 보았고, 내가 그 무엇보다도 바로 그 영광을 원한다고 말했다.

연설하러 연설대에 올라서 청중에게 이 간증에 은혜 받은 사람들은 손을 들어보라고 했는데 슬프게도 겨우 몇 명만이 손을 들었다. 하나님이 사람을 그토록 변화시킬 수 있다는 사실에 대해 대부분이 회의적이었던 것 같았다.

나는 집으로 돌아가는 차 속에서 내내 울음을 그치지 못했다. 눈물이 문자 그대로 빗물처럼 흘러내렸다. 남편은 마땅히 할 말을 찾지 못한 채 침묵을 지켰다. 나는 집에 도착하자마자 무릎을 꿇고 전심으로 기도했다. "다윗의 자손 예수님, 자비를 베풀어 주소서. 주님 저를 도와주세요. 교도소에 있는 그 남자가 갖고 있던 바로 그것을 원합니다." 고요한 정적이 흐른 후, 하나님이 말씀하셨다.

"리타, 내 아들은 모든 인류를 위해 왔단다. 하지만 네가 원하는 것을 소유하기 위해서는 치러야 할 대가가 있단다."

"그게 뭔데요, 주님? 지금 당장에라도 치르겠습니다!"

"너는 먼저 네 삶을 내게 주어야 한다. 나는 네 삶 전부를 원한다."

갑자기 눈 오던 날 캐나다에 있는 공원 벤치에 앉아 있던 때가 기억났다. 그때도 하나님은 나의 삶을 원했었다.

나는 그때야 구원을 얻기 위해 늘 내가 뭔가를
해야만 한다고 믿고 있었다는 사실을 깨달았다.
이제 예수님께서 당신이 원하시는 것은 그 '뭔가'가
아니라고 말씀하고 계신 것이다.
내 삶의 전부를 주님께 넘겨 드려야 하는 것이다.

"알겠습니다, 주님. 제 삶을 드리겠으니 어떻게 드리는지만 가르쳐 주세요"라고 말씀드렸다. 아이러니하게도 나는 '미시즈 남아프리카'로 수많은 곳에서 간증을 했음에도 실제로 내 삶을 드리는 법을 모르고 있었다. 확실히 뭔가 빠져 있었다.

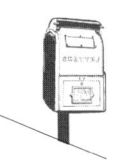
질그릇 조각

바로 그다음 주 토요일에 프리 주에서 연설 일정이 잡혀 있었기 때문에 가족이 함께 행사에 참여하려고 여행을 떠났다. 돌아오는 길에 휴게소에 들러서 알도는 사탕 등 군것질거리를 많이 샀다. 평소에는 허락하지 않았지만, 그날 밤엔 왠지 사게 놔두었다. 차 안에서 알도는 사탕을 나눠 주면서 그날 처음 맛본 새로운 사탕에 대해 흥분해서 떠들어댔다. 알도는 아주 들떠 있었고, 수다 떠는 데 정신이 팔려서 안전벨트 매는 것도 잊었다. 조쉬도 마찬가지였다. 그러나 우리 차가 휴게소를 빠져나가자마자 나의 소중한 점토판이 내 손에서 미끄러지며 바닥으로 떨어져 산산조각이 나며 부서졌다.

언덕을 내려가는데 불빛도 없고, 경고 표지판도 전혀 없이, 마치 어딘가에 숨어 있다가 갑자기 튀어나온 것 같은 트럭이 시야에 들어왔다. 우리는 "조심해!" 하고 소리 질렀지만 이미 너무 늦었다. 남편은 옆 차선에서 쏜살같이 달려오는 다른 차량과의 충돌을 피하고자 방향을 제대로 돌릴 수가 없었다. 또한 직진을 하게 되면 앞에 정차된 트럭과 정면충돌이 불가피했기 때문에, 왼쪽에 있던 깊은 운하 쪽으로 방향을 트는 것만이 유일한 선택이었다. 그 결과 뼈마디가 으스러지는 대형 사고가 발생했다. 운하에 부딪히는 순간 차가 뒤집히면서 서너 번 굴러 내려갔다. 나는 순간적으로 의식을 잃었고, 잠시 후 의식이 돌아오자마자 차에서 빠져나오기 위해 안간힘을 썼다. 나는 찌그러진 차에 다시 걸려 넘어지면서 아스팔트 도로 위로 떨어졌다. 다시 한 번 하나님의 음성이 들려왔다. "네 삶의 모든 부서진 파편들은 미래에 아름다운 모자이크를 만드는 데 필요한 조각들일 뿐이란다." 그 순간 며칠 전에 하나님께 드렸던 말씀이 무슨 뜻인지 정확하게 이해가 되었다. "안돼요, 하나님! 이건 아녜요. 이런 걸 원한 게 아니었어요!" 하고 내 영이 비명을 질렀다.

남편은 찾았지만, 아이들이 보이지 않았다. 어둠 속에서 이름을 불러대며 미친 듯이 아이들을 찾아 헤매기 시작했다. 내 목소리뿐 아니라, 내 존재 전체가 아이들을 불러대고 있었다. 고속도로를 질주하는 차들의 소음 속에서 나는 미미한 신음소리를 들었다. 내 모든 감각과 존재 전체가 아이들에게만 집중하고 있었기 때문에 그 소리를 들을 수 있었던 것 같다.

캐나다에서 하나님께서 말씀하셨을 때도 이렇게 집중해서 들었더라면 모든 게 달라졌을 텐데! 그날 밤 하나님께 배운 첫 번째 교훈은 나라는 존재는 하나님께 집중하는 사람이 아니었다는 사실이었다. 하나님께서는 나에게 계속해서 말씀하고 계셨지만 나는 그분께 집중하지 않고 있었기 때문에 성령께서 하시는 말씀을 들을 수가 없었다. 계시록 3장 13절 말씀은 모든 크리스천이 기억해야 할 중요한 말씀이다.

"귀 있는 자는 성령이 교회들에게 하시는 말씀을 들을지어다"

조쉬의 우는 소리가 들려왔다. 내 마음속에서 안도감과 두려움이 서로 경쟁하며 우위를 다투고 있었다. 다행스럽게 조쉬는 머리에 가벼운 상처만 입은 것 같았다. 사고 현장에 모여든 모든 사람이 알도를 찾기 시작했지만 아무도 그를 찾아내지 못했다. 나는 다시 알도의 이름을 큰 소리로 불러대며 예수님의 보혈로 우리 아이들을 덮어달라고 내내 기도했다. "예수님의 보혈, 예수님의 보혈." 나는 계속 반복했다.

하나님의 영이 나를 고속도로 반대편으로 인도했다. 지금 이 글을 쓰는 동안에도 이 장면을 회상하는 것이 여전히 고통스럽다. "리타, 그쪽엔 없을 거야. 여기서 너무 멀리 떨어져 있다고!" 남편이 내게 고함을 쳤다. 바로 그 순간 나는 알도의 몸에 발이 걸려서 넘어졌다. 내 손이 부상당한 그의 몸 위를 지나면서 머리를 만지게 되었다. 뜨거운 피가 금이 간 머리에서 흘러나와 귀를 타고 졸졸 흘러내리고 있었다. 맥박이 느껴지긴 했지만 손에 잡히지 않았다. 방한 점퍼를 열고 심장 박동 소리를 듣고자 알도의 가슴에 귀를 댔다. 하지만 아무 소리도 들리지 않았다.

> 당신이 누구인가는 중요하지 않습니다.
> 당신이 얼마나 부자인가 역시 중요하지 않습니다.
> 오직 하나님만이 삶과 죽음을
> 다스리는 분입니다.

내 아들의 생명이 내 손가락에서 빠져나가는 것을 느꼈지만 나는 아무것도 할 수가 없었다. 생명을 주신 분이 생명을 거두어 가실 수도 있었다. 알도가 죽을 수도 있다는 생각이 들자 두려워서 미칠 것만 같았다. 차량이 계속해서 우리를 향해 돌진하고 있었기 때문에 본능적으로 당장 일어나서 신호를 보내야 한다는 생각이 들었다. 강렬한 헤드라이트 불빛이 어둠을 뚫고 내 시야를 가렸다. 내 전신이 이상스럽게 격렬하게 진동하고 있었다. 그때 근심과 고통과 두려움 가운데 형언하기 어려운 초자연적인 평강이 따뜻한 온기가 되어 나를 감쌌다.

길을 건너서 남편에게 다가가 알도를 찾은 위치를 설명해 주었다. 응급구조대가 신속하게 이동해서 알도를 보호했다. 응급구조 헬리콥터를 불렀다. 구급대원이 막힌 알도의 폐에 구멍을 내고 머리를 붕대로 감았다. 그들은 자신들이 숙련된 구조원들이란 사실을 설명하며 우리를 안심시키면서 알도의 부상이 아주 심각하다고 덧붙였다.

그렇다면 알도가 살 수 있을까?

그들은 대답하지 못했다.

혀의 열매

많은 차가 우리를 돕기 위해서 혹은 단순한 호기심으로 운행을 멈추고 주변으로 모여들었다. 그때 차 한 대가 우리를 주시하다가 근처에 차를 대더니 한 흑인 남자가 재빨리 뛰어나왔다. 나는 그가 무슨 일을 하려는지 알 수가 없어서 두렵고 무서웠다. 그런데 갑자기 그가 온 힘을 다해 "우리 주 예수 그리스도의 이름으로 명하건대 이 아이는 죽지 않는다! 다시 살아날 것이다. 이 아이는 살아날 것이며 절대로 죽지 않는다!"라고 소리치는 것이 아닌가! 그는 계속해서 이 말만 선포했다. 구급구조대가 그의 고함을 제지하려고 했지만 아무 소용이 없었다. 나는 이 모든 것이 혼란스러워서 주님을 불렀다. "어디 계세요, 주님?" 그분의 대답이 궁금한가? "그 남자를 보아라. 지금 그 남자가 나의 수족 노릇을 하고 있다"라고 주께서 대답하셨다.

나중에서야 내 아들이 살아날 것이라고 선포했던 이 남자가, 바로 사건이 나던 그날, 밤길을 잘못 들어서 우연히 우리 가족의 사고 현장을 목격한, 나이지리아에서 오신 목사님이란 사실을 알게 되었다. 우리는 아직도 그와 연락을 주고받고 있는데 하나님의 불가사의한 역사가 놀라울 뿐이다.

지금 생각해 보면 사건 당시에도 하나님은 우리와 함께 우리 가운데에 거하고 계셨다. 마치 모세가 자신의 연약함을 깨달을 때마다 "하나님, 어디 계세요?" 하고 찾았던 것처럼 나도 하나님을 찾았다. 출애굽기는 그분이 우리 삶의 가장 힘든 고비 때마다 우리와 함께하신다는 사실을 알려 준다.

헬리콥터가 도착해서 알도를 요하네스버그에 있는 병원으로 싣고 갔다. 응급 수술이 네 시간이나 계속되었다. 마침내 수술을 마치고 의사가 나타났지만 좋은 소식을 전해주지는 못했다. 알도가 복합적인 뇌 손상을 입어서 뇌간, 좌뇌, 우뇌, 중뇌 모두가 손상되었다고 했다. 알도가 회생하리라는 확신이 없었기 때문에 의사가 그의 회복을 위해 할 수 있는 일은 별로 없어 보였다.

의료진들이 알도를 중환자실로 옮겨서 생명유지 장치를 장착했다. 우리는 알도가 의식을 회복하더라도 중증장애인이 될 확률이 거의 확실하다는 사실을 알고 있었다. 그의 생명이 극한 위기에 처해 있었고 장기가 기능을 완전히 상실할 확률 역시 높았다. 내 아이가 중환자실 유리관 속에 누워 있는 것이다! 알도의 머리는 끔찍하게 부어 있었고 모니터들이 뇌출혈의 위험을 감시하고 있었다. 출혈이 증가하면 모니터 알람이 꺼지고는 했다. 이 모든 것을 지켜보면서 우리는 안절부절하며 어찌할 바를 몰랐다. 우리는 유리관 뒤에 서서 모니터에 나오는 그래프를 한시도 눈을 떼지 않고 지켜보았다.

내 인생의 최악의 시간이었음에도 나는 침착할 수 있었다. 남편과 나는 대화가 많이 줄어들었고 마음속으로 죄책감과 서로를 원망하는 복잡한 감정 사이에서 씨름하고 있었다. 그 어떤 말도 남편에겐 위로가 되지 않았다. 남편은 알도와 늘 사이가 좋았기 때문에 사고에 대한 책임을 자신에게 돌리고 극심한 자괴감에 빠져 이 모든 것이 자신의 잘못이라고 되뇌고 있었다. 도로 중앙에 트럭이 정차되어 있으리라고는 그 누구도 상상할 수 없었다. 최악의 상황에서도 최선을 다했다는 말로 남편을 위로해 주어도 아무 소용이 없었다. 남편은 자신이 운전하고 있었고, 알도를 다치게 한 당사자라는 사실 때문에 자신을 계속 탓하고 있었다. 우는 사자와 같이 돌아다니는 사탄(벧전 5:8)은 남편에게 죄책감을 심어 주었고 남편으로 하여금 그 거짓말을 믿게 했다.

하지만 나는 나 자신을 탓하고 있었다. 사탄은 우리가 부모가 될 자격이 없는 사람들이라고 속삭였다. 우리 아이들에게 일어난 모든 일이 모두 내 잘못인 것 같았다. '연설 스케줄에 나 혼자 갔더라면 아이들은 집에서 안전하게 있었을 텐데… 아이들이 안전벨트를 매었는지 확인을 했어야 했는데….' 그날 밤 남편과 나는 우리 전 생애를 통해 가장 긴 밤을 보내야만 했다.

그 사고가 하나님의 뜻이었을까? 성경에 보면 머리카락 하나도 하나님의 허락 없이는 떨어지지 않는다고 하지 않았는가? 따라서 하나님은 당연히 이 사고가 날 것을 알고 계셨지만, 그분의 뜻을 이루기 위해 사고를 허락하셨다.

나는 자칫 방심했다면 그 사고에 완전히 눌려서,
다시는 하나님을 섬기지 못했을 수도
있었다는 점을 깨닫게 되었다.

나는 역대하 16장 9절 말씀으로 큰 위로를 받았다.

"이는 주의 눈은 온 땅을 두루 살피사 자신을 향하여 마음이 온전한 자들을 위하여 자신의 강함을 보이심이니이다"

위 말씀을 통해 하나님께서 우리와 함께하셨으며, 지금도 함께하시고, 우리가 고난당할 때 함께 계시다는 사실을 나는 믿고 있다.

사고 후 일주일 동안은 실낱같은 희망이라도 붙잡는 심정으로 알도를 데리고 이 병원 저 병원으로 옮겨 다녔다. 의사들은 최선을 다했다. 튜브를 삽입해서 목구멍에 기도를 만들었다. 알도는 쇄골과 갈비뼈 몇 대도 부러졌고 퉁퉁 부은 눈을 감은 채 움직이지 않았다. 그런데 아이러니하게도 얼굴에는 전혀 상처가 나지 않았다.

우리는 남아프리카 전역의 수많은 사람들에게서 위로와 격려를 받았고, 편지와 이메일과 메시지가 홍수처럼 밀려들었다. 시간이 흘러도 국민의 사랑과 격려는 그칠 줄 몰랐고 우리는 완전히 압도당했다. 심지어는 전 대통령인 넬슨 만델라까지 우리에게 편지를 보내 용기를 잃지 말라고 격려했다. 지금 생각해 보면 이런 끔찍한 사고를 무사히 치러낼 수 있었던 것은 우리를 지켜봐 주고 성원해 준 남아프리카 공화국 국민 덕분이었다.

내가 일주일을 꼬박 알도와 함께 중환자실에서 지내고 나자, 남편이 나에게 집에 가서 조쉬와 시간을 좀 보내는 게 좋겠다고 제안했다. 그런데 막상 내가 병원을 나서기로 한 금요일 밤이 되자 알도 곁을 떠날 수가 없었다. 알도가 죽을 것 같아서 두려웠다. 욥기 3장 25절에는 우리가 두려워하는 일이 닥친다고 경고하고 있다. 나는 이 말씀을 실제로 경험했다. 나는 늘 우리 가족에게 차 사고가 일어나서 아이들이 다칠까 봐 두려워했었다. 여러 번 이런 걱정을 늘어놓기도 했다. 우리가 여행할 때, 남편이 차의 속력을 내기라도 하면 '이러다가 사고라도 난다면 당신이 전적으로 책임을 져야 한다'고 경고하곤 했었다. 이제 그 말이 실제가 되어 우리를 덮쳤다.

두려움에 대해 얘기하며 두려워하는 순간, 부지중에 사탄이 우리를 공격하도록 문을 열어 주는 꼴이 되고 만다. 고린도후서 10장 5절에서는 우리의 모든 생각을 사로잡아 주님께 복종시켜야 한다고 말씀하신다. 나는 그 사고 이후로 이제는 모든 두려움과 나쁜 생각들을 예수 이름으로 묶어서 파쇄시킨다.

아무튼, 그날 밤 나는 두려움에 빠진 채 집으로 갔다. 내 품에 조쉬를 안고 흔들의자에 앉아서 찬찬히 조쉬를 바라보는데 머리에 난 작은 상처를 제외하고는 엄청난 사고를 무사히 이겨낸 막내아들이 매우 감사하고 기뻤다. 조쉬는 사고 순간에 차가 여러 번 굴렀다며 상세한 것까지 묘사하면서 사고 당시를 회상했다. 그런데 자신이 차에서 튕겨 나와 공중에 떴다가 떨어지는 순간 예수님이 자신을 받아 주셨다고 하는 것이 아닌가! 그 나이에 이런 얘기를 꾸며낼 수 있다고 생각하지는 않는다.

조쉬가 잠에 빠진 후에 눈물이 한없이 흘러내렸다. 사고 후 처음으로 울었다. 일단 울음이 시작되자 멈출 수가 없었다. 한참 울고 나니 머리가 터져버릴 것처럼 아파서 심각한 머리 상처를 입은 알도가 겪고 있을 고통이 조금이나마 상상이 되었다. 그의 고통을 생각하며 온 집 안을 헤매며 울고 또 울었다. 알도의 방은 잘 정돈되어 있었다. 침대 위에는 축구공이 놓여 있었고, 금요일 방과 후에 정리해 둔 여행 가방 역시 제자리에 얌전하게 세워져 있었다. 활기찬 아이들의 웃음소리로 가득 차 있어야 할 이 집에 무겁게 흐르는 침묵을 견디기가 어려워서 또 울고 울었다.

마침내 잠이 들었는데 아주 생생한 꿈을 꾸었다. 꿈속에서 나는 병원에 누워 있는 알도 옆에 서 있었다. 알도의 손가락이 검게 변하더니 떨기 시작했다. 내가 두려워했던 일이 다시 벌어지고 있는 것이다. 꿈속에서 알도에게 "네가 죽어가고 있는 것이 보이는구나…"라고 얘기하고 있었다. 하지만 이번 수련회에서 예수님을 구세주로 영접했기 때문에 죽어도 천국에서 예수님과 함께 영원히 살 수 있을 거라고 말해 주었다. 그때 알도가, "엄마, 그런 말씀 마세요. 나에게 생명을 선포하세요. 살아나라고 말씀하세요!"라고 하는 게 아닌가!

나는 매일 아침 책가방을 메고 등교하는 알도에게 잘 다녀오라고 인사하며 우리끼리 통하는 암호를 묻고는 했다. 그때마다 알도는, "진실로 선함과 인자하심이 내 평생에 따르리로다. 사랑해 엄마"라고 대답했었다. 그런 알도였기에 나보고 생명을 선포하라고 요구하는 것은 전혀 이상한 일이 아니었다. 우리는 이미 매일 선포해 오지 않았던가!

꿈속에서, "너는 살아날 거야, 너는 더 풍성한 생명을 얻게 될 거야"라고 얘기해 주었다. 나는 이 말을 계속해서 지칠 때까지 선포해 주었다.

그때 요한복음 10장 10절 말씀이 떠올랐다.

"도둑은 오직 도둑질하고 죽이며 멸망시키려고 오지만 내가 온 것은 양들로 생명을 얻고 더 풍성히 얻게 하려 함이라"

그 당시에는 위 말씀의 뜻을 잘 이해하지 못했지만 단순히 입으로만 중얼거린 게 아니라 알도의 영에게 생명을 선포한 것이었다. 잠시 후에 알도의 입술에 생기가 돌기 시작하고 손가락을 움직이는 것이 보였다. 곧이어 소리 내어 울기 시작했다. 나는 그때 집에 있었지만 그의 울음소리는 일요일 아침 잠을 자고 있던 나를 깨우기에 충분했다. 내 아들 알도는 집에서 멀리 떨어진 병원에 있었다. 내가 알도의 울음소리를 마지막으로 들어본 이후에 처음 들어보는 소리였다. 사고가 난 지 벌써 삼 년이 흘렀지만 알도는 단 한 번도 운 적이 없었다. 그저 가끔 이상한 소리만 냈고 그럴 때마다 그가 울고 있다고 생각했다.

 알도의 울음소리에 잠을 깬 후 일어나 앉았지만 어찌할 바를 몰랐다. 무슨 일이 일어나고 있는지 갈피를 잡을 수가 없었다. 나는 지금도 하나님이 당신의 자녀들에게 꿈을 통해 말씀하신다는 사실을 몰랐었다. 그렇지만 그분은 여전히 말씀하고 계셨다. 그분은 사람과 자연과 환상과 꿈을 통해서 말씀하시고, 또 성경 말씀을 통해서 여전히 우리에게 말씀하시는 분이다. 사실 하나님은 끊임없이 우리에게 말씀하시지만 우리가 듣지 못할 뿐이다. 우리가 그분에게 안테나를 세우지 않기 때문에 우리에게 속삭이는 성령님의 세미한 음성을 들을 수가 없다. 이사야 59장 1절에서는 하나님께서 그분의 팔이 짧아서 우리를 구원하시지 않는 것도 아니고, 그분의 귀가 둔해서 우리의 간청을 듣지 못하시는 것도 아니라고 말씀하신다. 우리 삶에 남아 있는 죄로 인해 하나님과 우리 사이에 장벽이 막혀 있어서 하나님의 음성을 듣지 못하는 것이다. 자신들의 기도가 지붕에 막혀서 다시 땅에 떨어지는 것 같다고 얘기하는 사람들을 볼 때마다, 그것은 사실이 아니라고 믿었다. 하나님과 당신이 교통하지 못하도록 방해하는 것은 지붕이 아니라 죄였다. 교만과 자기주장, 쓴 뿌리, 질투 같은 우리가 보기에는 대수롭지 않은 것들이 바로 죄다. 하나님은 교만을 싫어하신다.

그 꿈에서 깨어난 후, 날이 밝을 때까지 기다릴 수가 없었다. 조쉬를 아침 일찍 깨워서 함께 병원으로 출발했다. 병원 복도에서 남편을 만났다. 그는 슬픔에 복받친 듯 걷잡을 수 없이 울기 시작했다. 자초지종을 묻는 나에게, "오늘 새벽 두시쯤 알도는 죽음의 문턱까지 갔었어"라고 설명했다. 나는 이미 그 일은 꿈을 꾸어서 알고 있다고 대답했다. 남편은 내 말에 충격을 받은 듯했지만 나를 믿지 못하는 눈치였다. 내가 이 말을 하는 이유는 남편을 무시해서가 아니라 그 당시 우리가 영적으로 완전히 죽어 있어서, 성령님의 역사나 체험을 전혀 경험하지 못했기 때문이다. 그 사고가 나기 전까지만 해도 우리는 영적으로 눈뜬장님이었는데 지금은 볼 수 있게 되었다. 영적으로 죽어 있었는데 지금은 살아 있다! 나는 하나님께서 이 비극적인 사고를 통해 우리 부부의 영을 만지셔서 일깨워 주신 데 대해 깊은 감사를 드린다. 하나님은 그때부터 이미 우리 미래의 아름다운 모자이크를 만들어 가셨던 것 같다.

남편에게 그날 밤에 꾼 꿈을 이야기하며 알도가 자신에게 생명을 선포하라고 부탁했던 것까지 말해 주었다. 내가 알도에게 '알도가 살아서 더욱 풍성한 생명을 얻게 될 것'이라고 선포하자마자 그의 입술에 생기가 돌고, 새까맣게 죽었던 손가락이 움직이기 시작했던 사실에 대해 말해 주었다. 그때부터 남편 역시 생명에 대해서만 말하겠다고 동의했다.

하나님은 잠언 18장 21절을 우리에게 가르치셨다.

"죽는 것과 사는 것이 혀의 권세에 있나니 혀를 사랑하는 자는 그 열매를 먹으리라"

네 삶의 모든 부서진 파편들은 미래에
아름다운 모자이크를 만드는 데
필요한 조각들일 뿐이란다.

(나는 이제야 왜 수많은 부부가 이혼하게 되는지 이해할 수 있다. 배우자들이 서로에게 죽음을 퍼붓기 때문이다. 남편과 아내가 서로에게 하는 말을 주의 깊게 들어 보라! 실제로 우리는 우리가 심은 말의 열매를 먹고 있는 것이다. 최근에 한 여자가 나에게 "제 남편은 절대로 하나님을 믿지 못할 거예요!"라고 하소연을 했는데, 나는 그 여자가 앞으로 먹게 될 말의 열매를 상상하며 안타까운 마음을 금할 수가 없었다.)

우리는 중환자실로 가서 교대로 알도가 있는 유리관 바깥에 서서 계속해서 그에게 생명을 선포했다. 중환자실 담당 간호사는 알도가 회생할 것이라고 전혀 믿지 않았기 때문에 계속해서 생명을 선포하는 우리 부부를 측은하게 여겼다. 알도의 징후는 좋지 않았다. 이때는 정말 우리 인생의 암흑기였다. 우리의 점토판이 깨지면서 우리 살을 베었기에 우리는 주체할 수 없이 피를 흘리고 있었다.

하나님은 우리가 고난을 잘 통과하도록 성령님을 보내셔서
도와주셔요.
우리가 할 일은 우리 자신을 하나님께 희생 제물로
바치는 것뿐이죠.
엄마, 사랑해요.
하나님은 나를 다시 이 땅에 보내시며 예수님이
살아 계신다는 사실을 알리라고 하셨어요!
우리는 말씀에 순종해서 생명을 선포해야 해요!
엄마, 엄마도 하나님께 순종해서 예수님이 보여주신 대로
하실 거죠?

하늘 보좌가 있는 방

　　　　　　　　사고 후 둘째 주에 알도는
두 번째 뇌수술을 받았다. 의료진은 알도 머리에 압력을 가하고 있던
고인 피를 닦아 내었다. 그 후에는 생명유지 장치 없이 스스로 호흡
이 가능한지 시험해 보려고 기계를 끄기 시작했다.

　수술 전날, 어떤 여인이 병원으로 나를 만나러 왔다. 얼굴에서 사
랑의 빛이 흘러넘치던 그 여인은 자신을 예언자라고 소개했다. 나는
불신으로 가득 찬 표정으로 그녀를 바라보며 우리는 괜찮으니 도움
은 필요 없다고 정중히 거절했다. 나는 그때만 해도 예언 같은 것은
믿지 않았다. 나는 여자 예언자에 대해서 아는 바가 아무것도 없었
다. 그녀는 침착하게 나를 안심시키며 단지 함께 기도하고 싶다고만
했다. 그런데 그녀와 한참 시간을 보낸 후 밤이 되자 그녀로부터 흘
러나오는 예수님의 사랑에 감동한 나머지 오히려 그녀를 떠나보낼
수 없는 지경에 이르게 되었다.

그녀의 이름은 테르시아(가명)였다. 테르시아는 내게 하나님이 알도를 구하시고 치유하실 수 있는 분임을 믿을 수 있느냐고 물었다. 나는 그 당시 알도를 담당하던 의료진의 진단과 알도의 외적인 증상에만 초점을 맞추고 있었기 때문에 하나님의 능력에 대해선 믿음을 갖지 못했다. 테르시아는 시체 안치소에 나흘간이나 방치되어 있던 시체를 다시 살려낸 나이지리아 목사님에 대해 얘기해 주었지만 나는 이 역시 믿을 수가 없었다. 만약 이게 사실이라면 일간지 머리 면을 장식했어야 하지 않았겠는가? 그녀는 미소를 띤 채 이 모든 것이 사실이며 언젠가는 나이지리아 목사님을 만나게 될 것이라고 했다. 마지막으로 하나님께는 불가능이 없다는 사실을 믿느냐고 물어본 후 함께 기도를 드렸다(마 19:26). 기도 중에 그녀는 나의 삶을 하나님께 전부 드렸는지 구체적으로 질문했다.

이 질문을 받는데 어디선가 벨이 울리는 것 같았다.
하나님이 내 삶 전부를 원하신다고
벌써 세 번째 묻고 계셨다.

그녀는 내 삶에서 회개해야 할 것들이 있으며 그로 인해 하나님과 내 관계가 막혀 있다고 지적했다. 처음엔 이런 말이 혼란스러워 거부감이 일어났다. 무엇을 회개해야 하는지 도무지 알 수가 없었다.

하나님은 내가 지난날 저질렀던 부정행위에 대해 그녀에게 다 알려주셨고 그녀가 그 사실을 알고 있다는 것에 대해 나는 충격을 받았다. 그것은 사실이었다. 나는 국회에서 더 나은 정책인 줄 알면서도 당리당략을 좇았었다. 그뿐만 아니라 이 사고로 인해 남편을 원망하고 있다고 지적했다. 사고가 날 수도 있다고 가족들을 겁주고 두렵게 만들어서 결국은 사탄이 공격할 수 있는 틈을 내어 준 장본인이 바로 나인데도 불구하고 사고의 원인을 남편인 타이너스에게 돌렸다.

사고와 관련해서 죄책감에 빠져서 나 자신을 용서하지 못하고 있다는 사실 역시 고백해야만 했다. 테르시아는 그 사고가 우리 잘못이 아니라고 안심시켰다. 그녀는 우리 가족을 향한 하나님의 특별한 뜻을 알아챈 사탄이 우리의 생명을 훔치기 위해서 저지른 일이라고 설명했다. "알도의 생명을 둘러싸고 영적 영역에서 엄청난 전쟁이 벌어지고 있어요. 알도를 사용하시려는 하나님의 계획을 사탄이 망치려는 거죠"라고 테르시아가 말했다. 그녀는 다음날 다시 와서 우리와 함께 성찬식을 하기로 약속하고 떠나갔다.

테르시아가 떠난 후에, 알도의 침대 곁을 자정까지 지키다가 수술이 시작되기 전에 좀 쉬고자 잠을 청했다. 새벽 두 시쯤 사자가 병원 복도를 서성대며 으르렁거리는 소리에 잠이 깨었다. 이 사자의 포효는 너무나 끔찍해서 잠이 깬 후에도 머릿속에서 떠나지를 않았다. 나는 그 어떤 약도 먹지 않았었고 환각 상태에 있지도 않았다. 그것은 너무나 생생한 실제였다. 다른 소리를 사자의 울음소리로 착각하는 것 역시 불가능했다. 나는 벌떡 일어나 의료진들이 알도 주위에 둘러서서 응급 처치에 안간힘을 쓰고 있는 중환자실로 달려갔다. 중환자실에서 이런 응급 사태가 일어나는 일은 다반사였지만 의학 전문지식이 없는 나 역시도 이번 사태는 뭔가 다르다는 사실을 직감할 수 있었다. 사자는 아직도 으르렁대며 어슬렁거리고 있었다.

알도의 침대 주위에 있던 간호사들이 나를 놀란 표정으로 바라보고 있었는데, 내가 중환자실에서 사자의 어슬렁거리는 소리를 들었다고 얘기하면 절대 믿지 않을 것 같았다. 그들은 나중에 내가 잠든 사이에 테르시아가 다시 돌아와서 알도를 위해 기도해 주었다고 말했다. 그녀가 기도하는 동안 모니터와 경보장치 모두 정지 상태로 머물러 있었다고 했다. 나는 즉시 유다의 사자가 내 아들 알도의 생명을 뺏기지 않으려고 전쟁을 치렀으며 결국 승리했다는 사실을 깨닫게 되었다. 나중에 계시록 5장 5절을 통해 확인할 수 있었다.

"울지 말라 보라 유다 지파의 사자인 다윗의 뿌리가 이겼으니…"

나는 그때야 몇 달 전에 해변에 앉아 있을 때 하나님께서 우는 사자를 이기라고 하신 말씀의 뜻을 이해하게 되었다.

수술은 오후에 시작되었고 하루가 천 년인 것처럼 더디게 느껴졌다. 알도는 수술대에서 회복실로 옮겨졌고, 병원에서 처음으로 알도에게 장착된 생명유지 장치의 스위치를 껐을 때, 알도의 심장 박동은 더 느려졌다. 이 장면을 지켜보는 내 마음은 찢어지는 것 같았고, 결국 더는 이 상황을 감당할 수 없는 지경에 이르렀다.

아무도 없는 병실에 들어가서 코트를 머리에 덮어쓰고 기도를 시작했다. 전심을 다하여 하나님을 찾았다. 내 생애 처음으로.

"영과 진리로"(요 4:23) 기도했고 기도를 시작하자마자 하나님께서 육성으로 "네가 선 땅은 거룩한 곳이니 네 발에서 신을 벗어라"고 말씀하셨다. 나는 그 말씀이 모세에게 하신 말씀과 똑같다고 생각했다.

"리타, 너는 내 아들 예수가 너를 위해 치른 희생이 완벽하고 그 희생으로 인해 모든 것이 완성되었다고 믿느냐?"라고 물어보시면서 내가 예수님의 보혈의 의미를 온전하게 이해하지 못하고 있다는 사실을 지적하셨다. "그렇습니다, 주님" 하고 대답했다.

하나님은 다시 한 번 같은 질문을 하셨고 내가 답변을 하기도 전에 예수님의 십자가를 체험하게 하셨다. 예수님이 나 대신 고초를 겪으시는 모습을 보았는데 예수님이 채찍에 맞으실 때마다, "너를 위해 이 채찍을 감당했다"라는 하나님의 목소리가 들려왔다. 그리고 요한복음 3장 16절을 정확하게 인용하셨다.

> "하나님이 세상을 이처럼 사랑하사 독생자를 주셨으니 이는 그를 믿는 자마다 멸망하지 않고 영생을 얻게 하려 하심이라"

예수님께서 서른아홉 대의 매를 맞으신 후 어둠이 온 땅을 덮었다. 예수님이 십자가에 달리신 모습이 보였다. 예수님의 고통에 찬 신음 소리가 들려왔다. 이 신음 소리는 채찍이나 그의 손에 박혀 있는 못 때문이 아니라 세상 죄를 지기 위해 하나님 아버지와의 관계를 단절할 수밖에 없었던 고통으로 인한 예수님의 절규였다.

예수님이 돌아가시자 성소에 쳐 있던 휘장이 위에서부터 아래로 찢어지는 것이 보였다. 그러자 하나님께서 나를 성소로 초대하셨다. "내 임재 가운데로 들어와라, 나의 딸아." 내가 성막 앞뜰을 지나 지성소로 가는 도중에 수많은 사람이 성막 앞뜰에서 서성대는 것을 보았다. 하나님의 임재 안에 서자 그동안 내가 썼던 수많은 마스크를 벗으라고 명령하셨다. "나는 너의 선행이나 가식에는 관심이 없다." "오직 네 생명을 원한다"라고 하나님께서 말씀하셨다. 갑자기 그동안 완벽주의와 교만과 질투와 자기혐오와 자기애와 짜증과 분노라는 마스크 속에 숨어 있던 내 모습이 보였다. 나는 내 모습을 객관적으로 바라볼 수 있었다. 가십 속의 주인공인 리타가 보였다. 덮여 있는 책과 같은 리타가 보였다. 실패를 견디기 어려워하는 성공지상주의자 리타의 모습이 보였다. 하나님은 내 행위가 아니라 생명을 원하셨다. "주님, 내 생명을 어떻게 드려야 하는지 알려 주세요" 하고 간청했다.

그 후 내 앞에 세숫대야 하나가 놓여 있었는데 예수님의 보혈로 가득 차 있었다. 나는 그 피로 씻김을 받아야 한다는 사실을 알았다. 우리가 율법에서 자유로워질 수 있는 유일한 길은 오직 그리스도의 보혈뿐이었다. 하나님께서 내가 지성소에 있다고 알려 주셨다. 나는 진리 되신 예수님을 끌어안고 모든 죄를 고백했다. 하나님께서 우리를 용서하시면 우리의 죄를 동에서 서가 먼 것 같이 멀리 옮겨 주신다(시 103:12).

내 마음의 눈으로 보혈 속으로 들어가는 내 모습이 보였다. 보혈을 지나자 내 안에 더 이상 정죄함이 없었다(롬 8:1). 그 후에 유대인 결혼 풍속에는 신부가 결혼 전에 "미크바"라 불리는 정결 의식을 반드시 통과해야 한다는 사실을 배웠다.

> 나는 이 환상을 통해 주시는
> 하나님의 메시지를 깨닫게 되었다.
> 내가 누구든지 상관없이,
> 내 삶에 어떤 일을 행했던지 상관없이,
> 예수님의 보혈이 우리를 눈보다
> 더 희고 순결하게 만드신다.

신부가 처녀가 아니더라도 "미크바"라는 정결 의식을 거치게 되면 다시 순결한 여인으로 거듭나게 되는 것이다. 예수님은 나를 모든 죄, 나의 교만과 자기 자랑으로부터 깨끗하게 씻어 주셨다. 그분은 당신에게도 같은 일을 해 주실 수 있는 분이다. 성소에 들어가려면 성령 충만을 받아야 한다. "주님, 제가 주일 예배 때마다 성령 충만을 간구하며 서 있던 사실을 기억하세요?" 하고 여쭤 보았다.

"그 당시는 성령 충만이 불가능했단다. 네 자아가 너무 강해서 나의 영이 들어갈 틈이 없었지. 네 자신이 죽어야만 내 영으로 채워질 수 있단다"라고 대답하셨다.

이제야 왜 바울 사도가 우리에게 매일 죽어야 한다고 가르쳤는지 이해가 되었다(갈 2:20).

다시 한 번 하나님께서 나를 성소로 부르셨다. 지성소에서는 영으로만 대화할 수 있다. "주의 폭포 소리에 깊은 바다가 서로 부르며 주의 모든 파도와 물결이 나를 휩쓸었나이다"(시 42:7). 지성소에서는 말이 필요 없다. 오직 눈물과 기쁨과 생명만이 있을 뿐이다! 사십 살이 되어서야 병실 바닥에서 코트를 머리에 뒤집어쓴 채 난생처음으로 하나님과 대면한 것이다.

병원 한쪽에서는 내 아들이 생명을 놓고 사투를 벌이고 있었고, 반대편 구석에서는 내가 하나님을 만나고 있었다. 하나님과의 만남 때문에 내 생애 최악의 순간이 최고의 순간으로 바뀌고 말았다. 내가 평생을 찾아다녔던 바로 그분, 예수님을 마침내 만난 것이다. 그분만으로 충분했다. 그 순간이 무척 행복해서 심지어 알도나 나의 생사마저도 대수롭지 않았다.

"우리가 살아도 주를 위하여 살고 죽어도 주를 위하여 죽나니 그러므로 사나 죽으나 우리는 주의 것이다"(롬 14:8)

생전 처음으로 이 말씀을 이해할 수 있었다. 나는 기쁨에 겨워 이 사실을 소리치고 싶었다! "유다의 사자가 내 안에 살고 있다. 우리는 하나다!" 이 사실을 세상에 알리고 싶었다.

나는 하나님의 엄청난 임재 가운데에 머물러 있었고, 그분의 완벽한 사랑 안에서 녹아버릴 것만 같았다. 형언할 수 없는 완벽한 사랑이었다! 내가 절대로 이해할 수 없는 그런 사랑이었다. 하나님의 보좌 옆에 앉았는데 그곳은 불과 온기가 있었다. 그분의 임재 안에서 나의 모든 갈망과 필요가 채워지고 있었고 단지 한순간에 완전한 용납과 은혜와 평안을 경험하게 되었다. 하나님은 그 모든 것의 대답이 되신다! 나는 매일 이러한 하나님의 은사를 갈망하는 사람들을 만난다. 그러나 은사가 축복이 아니라 그 은사를 주시는 하나님 그분이 바로 축복이란 사실을 알아야 한다.

> 은사를 구하는 대신 은사를 주시는
> 하나님을 찾아야 한다.
> 우리에게 필요한 분은 바로 하나님,
> 그분 한 분뿐이다.

"그러므로 우리가 은혜의 보좌로 담대히 나아가자…은혜를 발견하기 위함이라"(히 4:16)

주님의 임재 안에 거하게 될 때까지 머물러라. 성소 안에 들어갈 때까지.

그분의 임재 안에, 그 지성소에서 눈부신 빛을 보았다. 하나님은 빛이시고 그분 안에는 어둠이 없어서 우리가 볼 수 있는 것은 그분의 빛뿐이다. 그분이 내게, "리타, 네 아들을 희생 제물로 바치겠니?"라고 물으셨을 때, 나는 빛 속에 푹 잠겨 있었다.

그러나 그 질문을 받자 정신이 번쩍 들었다. 지난 십 년간 알도는 나의 독자였으며 생명 자체였다! 하나님의 질문이 이해가 되지 않았다. 우리가 이 고난을 통과하고 있는데 하나님은 정말 우리 알도를 데려가실 생각일까?

"너는 네 아들을 제단에 올려놓고 기꺼이 내게 바치겠느냐?" 다시 한 번 물어보셨다. 미처 대답하기 전에, 마태복음 10장 37절 말씀이 떠올랐다.

"...아들이나 딸을 나보다 더 사랑하는 사람도 내게 합당하지 않고"

나는 곧 성령께서 일부러 이 말씀을 기억나게 하신 사실을 깨달았다. 하나님은 내가 알도를 하나님보다 더 사랑하고 있다는 사실을 심각하게 지적하셨다. 나에게는 알도를 위한 멋진 계획이 있었다. 내 인생은 알도를 위해 존재한다고 해도 과언이 아니었다. 우리 집의 우선순위는 잘못되어 있었다. 우리뿐 아니라 다른 많은 사람들도 삶의 우선순위가 잘못되었을 것으로 생각한다. 우리 집에서 가장 중요한 사람들은 아이들이었고, 그다음이 결혼 생활, 우리 일, 그리고 맨 마지막이 하나님이었다.

> 당연히 하나님이 가장 중요한 자리를 차지하셔야 하고
> 그다음에 결혼 생활,
> 아이들, 그리고 마지막이 일이 되어야 한다.

의심의 여지도 없이 알도를 제단 위에 올려놓아야 했다. 알도를 바치는 것은 의무감에서가 아니라 내가 진심으로 원했기 때문이었다.

영으로 알도가 벤치에 누워 있는 모습이 보였다. 하나님이 그를 그곳에 눕혀 두라고 하셨다. 나를 향해 손을 내미시는 하나님의 모습과 그분의 다정한 목소리가 들려왔다. 하나님은 온화한 목소리로 알도가 더 이상 내 소유가 아니라고 하시며 알도를 향한 멋진 계획이 있으시다고 하셨다. 하나님은 알도를 치유하신 후에, 예수님의 살아 계심을 세상에 증거할 아이로 부르실 계획을 가지고 계셨다. 내 아이 아니, 하나님의 아이가 세상에 예수님이 살아 계신다고 증거한다니, 좀 이상한 소리가 아닌가!

하나님은 내게 더 큰 믿음이 필요하다고 하셨다. 모든 소망을 능가하는 더 큰 소망이 필요했다. 히브리서 6장에서 내게 필요한 소망이 어떤 것인지 찾아낼 수 있었다. 아브라함은 자신과 사라가 이미 가임기를 훨씬 지난 나이임에도 불구하고 그들을 통해 자녀가 있을 것이라는 하나님의 약속을 믿어야만 했다. 인간적인 관점에서는 불가능하지만 그는 하나님의 약속을 붙들었다. 그 말씀을 읽으며, 지금

알도가 처한 상황은 전혀 소망이 보이지 않지만 나는 계속 희망을 버리지 않으리라 결심했다. 소망을 붙들고 있을 때 믿음이 생기기 때문이었다.

마치 하나님께서 나의 믿음이 없이는 알도를 치유하시려는 하나님의 약속이 아무 의미가 없다고 말씀하시는 것 같았다. 하나님께서 기적을 행하시기 위해서는 나의 믿음이 반드시 필요한 것 같았다. 마태복음 9장 20~22절 말씀에 유출병으로 12년간 고생해온 여인의 이야기가 나온다. 그녀는 예수님을 한 번만 만져도 자신의 병이 나으리라는 믿음이 있었다. 그녀의 병이 나은 것은 예수님의 옷자락에 능력이 있어서가 아니라 그녀의 믿음 때문이었다! 그날 나 역시 전지전능하신 분을 만졌고 영적 영역에서 즉시 기적이 일어났다. 영계에서 일어난 기적이 자연계에서 나타나기까지는 오직 시간이 필요할 뿐이었다. 하나님께서, "리타, 네가 이 땅에 사는 이유는 네 자신을 위해서가 아니라 오직 나의 영광을 나타내기 위해서라는 사실을 기억하라"고 말씀하셨다.

'주님, 이해를 못하시는군요.'라고 속으로 생각했다. '오늘 일어나고 있는 일은 내가 겪는 일이잖아요. 이 고통은 나의 아이와 내가 겪고 있다고요. 나는 내가 떨어뜨려서 산산조각이 난 점토판 조각 위에 앉아서 살을 베이며 피를 흘리고 있다고요…'

"나는 네 고통과 아픔을 잘 알고 있다." 하나님께서 대답하셨다. "하지만 너의 고통과 아픔조차도 나를 위한 것이다. 나는 이 모든 것의 주인이며, 과거에도 그랬고 앞으로도 그 사실은 변함이 없을 것이다. 너의 삶의 소유권을 나에게 넘겨라. 네 삶의 주인은 네가 아니라 바로 나라는 사실을 인정해라."

마침내 눈을 떴을 때는 한 시간 반이 흐른 뒤였다. 중환자실에서는 의료진들이 알도에게 진통제 투여를 차단했고, 생명유지 장치의 스위치 역시 중지시켰다. 그런 상황에서 알도의 심장박동이 높아졌고 추위가 느껴지는지 이를 덜덜 떨었다.

> 하나님께서 일하기 시작하시자
> 기적이 내 눈앞에서
> 펼쳐지기 시작했다.

나는 방으로 다시 돌아와서 울기 시작했다. 그 예언자가 다시 돌아왔다. 그녀에게 방금 내가 하나님과 맺은 피의 언약에 대해 설명해 달라고 요청했다. 그녀는 그 언약은 하나님께서 아브라함에게 이삭을 제물로 바치라고 요구하신 후에 아브라함과 맺은 언약 같은 것이라고 설명해 주었다. 그녀는 창세기 22장 8절을 펴보라고 했다.

"… 내 아들아 하나님께서 자신을 번제에 쓸 어린양으로 마련하실 것이라…"

테르시아는 어젯밤에 알도의 생명을 두고 치열한 영적 전쟁이 있었다고 말해 주었다. 그런데 승리는 우리의 것이었다. 그녀는 하나님께서 자신을 깨워 치열한 전투가 벌어지고 있으니 병원으로 돌아가서 알도를 위해 중보 기도하라고 명하셨다고 했다. 그녀는 잠들어 있는 알도 옆에서 밤새도록 그를 위해 기도했다. 기도하는데 검은 연기 같은 것이 그의 머리맡을 맴도는 것을 느낄 수 있었고, 그 즉시 알도 주위에 불 성곽을 보내서 알도의 생명을 보호해 달라고 기도했다고 했다. "결국 사탄은 패했고 병원 복도로 우는 사자와 같이 달아나 버렸다"고 그녀는 말했다. 사탄이 우는 사자와 같이 다니며 삼킬 자를 찾는 영적 차원이 반드시 존재하는 것 같다(벧전 5:8).

믿음의 선한 싸움

회복을 향해 가는 길은 여전히 길고 험난해 보이기만 했다. 알도는 사고에서 생존하기는 했지만 여전히 혼수상태에 있었고 그의 미래는 불확실했다. 하나님은 변함없이 그분이 시작하신 일은 그분이 마무리하시겠다고 약속하셨다.

사고 후 첫 달에 생명유지 장치를 거뒀다. 알도의 오른쪽 눈동자가 움직이기 시작했지만 왼쪽 눈동자는 여전히 고정되어 있었고, 의사는 왼쪽 눈은 실명할 확률이 높다고 경고했다. 일반 병실로 옮겨서 회복 과정을 시작했지만, 알도는 목구멍에 구멍을 내고 튜브를 연결해서 말도 할 수가 없었다. 알도의 작은 몸은 여전히 굳어 있고 움직이지 않았다. 입원한 지 두 달이 되자, 의사가 중증 뇌손상 환자나 선천적 정신장애아들이 치료를 받는 시설로 옮기는 게 어떠냐고 제안해 왔다. 알도의 현 상태로는 앞으로 누군가의 도움 없이 서서 걷거나 앉는 것조차 불가능하다고 진단했다. 알도는 앞으로 평생 동안 누군가에게 의지한 채 살게 된다는 것이다. 이런 나쁜 소식을 접할 때마다 남편과 나 사이에는 무거운 침묵만이 흘렀다.

그때부터 알도의 몸의 기능이 회복되도록 하나님의 약속과 말씀을 붙들고 신체 각 부위에 명령하며 기도하기 시작했다. 우리가 아프거나 고통을 당하는 것은 하나님의 뜻이 아니다. 나는 누가복음 4장 18, 19절 말씀을 붙들고 기도했다.

"그가 나를 보내셨으니 이는 마음이 상한 자를 치유케 하시며 포로들에게 구원을 선포하고 눈먼 자를 보게 하고 짓밟힌 자를 해방시켜 주고 주의 기뻐 받으시는 해를 전파하게 하심이라"

알도와 관련해서 부정적인 소식을 접할 때마다 예수님의 이름으로 그 소식을 파쇄시켰다. 우리를 대적하려고 만들어진 그 어떤 무기도 성공하지 못할 것이라고 계속해서 선포했다(사 54:17).

내가 할 수 있는 유일한 일은 아직 보이지는 않지만 하나님의 약속을 믿으며 희망을 잃지 않는 것이었다(히 11:1). 나에게 필요한 건 믿음이었다. 믿음의 눈으로 본다는 것은 내 평생 가장 어려운 일 중의 하나였다. 나는 우리의 안부를 묻는 사람들에게 "우리는 믿음의 선한 싸움을 하고 있습니다!"라고 대답하기도 했다.

그렇게 기도를 시작한 지 얼마 되지 않아 드디어 좋은 소식이 들려왔다! 알도의 어깨를 검사한 의사가, "맥퍼슨 부인, 기적이 일어났습니다!" 하며 놀라움을 표하는 게 아닌가! 그는 이제 겨우 어깨에 대해서만 얘기하고 있었지만, 나는 기쁨에 겨워 춤이라도 추고 싶은 심정이었다. 하나님은 기적을 일으키시는 선하신 분이며, 이제는 심지어 전문 의학자들 역시 하나님의 기적을 믿는 추세로 가고 있다.

알도는 프레토리아에 있는 병원으로 옮겨졌으며, 나중에 그곳에서 집으로 퇴원을 했다. 우리는 알도를 우리가 직접 돌보겠다는 결심으로 알도를 집으로 데려와서 집에서 근무가 가능한 간호사를 주야로 고용했다.

알도의 입은 그때까지 굳게 다물어져 있었다. 턱이 옆으로 비틀어져서 입을 열기가 어려웠다. 복부에 연결된 호스를 통해 음식물이 공급되고 있었다. 나는 하나님께서 알도가 예수님의 살아 계심을 증거하게 될 아이라고 하신 말씀을 분명하게 기억하고 있었다. 나는 이 약속을 하나님께 받았다는 사실을 나누어도 아무도 이해하지 못할 것 같아서 혼자만 가슴 속에 묻어두고 있었다. 또한 그때까지만 해도 나와 하나님 사이에 일어난 일 전부를 알도가 알고 있다는 사실을 전혀 모르고 있었다.

나는 알도의 입이 다시 정상적으로 회복될 것이라는 확신이 있었기 때문에 알도가 얘기할 수 있도록 억지로라도 입을 열려고 노력했다. 입을 열기 위해 온갖 수단을 다 동원했지만 여는 데는 번번이 실패했다.

전문의에게 다시 가서 알도의 입을 열 수 있는 방법에 대해 상담했다. 그런데 의사의 대답은 오히려 우리가 운이 좋다는 것이었다. 운이 좋다니…. 그는 알도의 입이 벌어진 채 굳어버리지 않은 것만도 행운이라고 설명했다. 알도와 같은 뇌손상을 입은 아이들 대부분이 두 가지 증상을 나타내는데, 하나는 알도처럼 입을 다문 채 굳어버리거나 또 다른 하나는 입을 크게 벌린 상태에서 턱이 비뚤어지는 탓에 다물지도 못하고 늘 입을 벌린 채로 굳어버린다고 했다. 의사는 자신의 얼굴로 시범을 직접 보였는데, 입을 최대한 벌려서는 오만상을 찌푸린 채, "아" 하는 소리를 내며 실감나게 설명했다. 알도가 우리 부부 사이에 앉아서 의사의 일거수일투족을 다 보고 있는데도 아랑곳없이 이런 설명을 실감나게 반복하는 의사 때문에 나는 마음이 무척 상했다. '이 의사는 알도가 모든 걸 알아들을 수 있다는 사실을 정말 모르고 있는 걸까?' 하고 혼자 생각했다. 의사의 이런 행위는 삼키기엔 너무 쓴 알약과 같았고, 나는 눈물을 보이지 않기 위해 안간힘을 써야 했다. 그때 내 안에서 갑자기 우스운 생각이 떠올랐다. 지금도 그 생각이 나는데, '예수님, 이 의사를 불쌍히 여겨 주세요. 마술이 풀리기라도 하면 지금 입을 헤벌린 저 모습 그대로 굳어버릴 텐데 어쩌려고 저러는 걸까요?' 하고 속으로 키득거렸다. 그 의사는 알도의 입은 절대로 열리지 않을 것이라는 진단을 해 주며 우리를 집으로 돌려보냈다.

집으로 돌아오는 길에 나는 내내 울부짖었다. 그 말을 받아들일 수가 없었다. 다른 의사를 찾아가서 알도가 입을 벌릴 수 있도록 주사라도 놔 달라고 애원을 했다. 우리의 간절한 마음을 받아들여서 의사는 알도에게 주사를 놓았는데, 그날 밤 병원을 떠날 때까지 알도의 입은 여전히 굳게 다물어 있었다. 동정심이 많았던 의사조차도 우리에게 아무런 희망을 주지 못했고 심지어는 우리에게 처방전을 써 주는 것도 깜박했다!

그럼에도 불구하고 나는 포기할 수 없어 집에서 성경을 펴고 전심으로 하나님께 마가복음 11장 24절 말씀을 붙들고 기도하기 시작했다.

"너희가 기도할 때에 바라는 것들은 받은 줄로 믿으라 그리하면 너희에게 그대로 되리라"

내 눈에서 흐른 눈물이 성경을 흥건하게 적셨다. 나는 하나님께 간구하며 알도가 예수님의 살아 계심을 세상에 증거하리라고 하신 하나님의 약속을 기억나게 해 드렸다. 알도에게 일어난 일로 인해 더 이상 하나님을 원망하지 않겠다고 약속 드리며 천지를 창조하신 창조주 하나님이 알도의 턱을 지금처럼 계속 닫힌 채로 놔 두신다는 사실을 믿기를 거부했다. (독자들은 내가 하나님과 개인적인 만남을 가진 후에도 여전히 거룩한 삶을 살지 못하고 있었다는 사실을 기억하기 바란다. 나는 수동적인 허수아비가 아니었다. 나는 지금까지도 매일 죄성으로 가득한 나의 자아와 씨름하고 있다.)

나는 하나님과 언쟁을 벌이며, 약속의 말씀들을 붙들고 있다는 사실을 알려 드리며 엄포를 놓았다. 알도를 희생 제물로 바치던 바로 그날 내 인생의 주도권을 하나님께 넘겨 드리고 내 감정대로 살아오던 생활태도를 다 버렸다고 주장했다. 알도의 상태와 관련해서 세상에서 하는 소리를 믿지도 않고 영향력을 거부한다고 선포했다. 나는 하나님의 말씀을 계속해서 큰 소리로 읽으며 선포했다. 하나님 스스로 말씀하신 것을 붙드는 것 외에 내가 무엇을 또 할 수 있었겠는가? 나의 연약함과 무능함을 고백하며 하나님의 능력을 간구했다. 나는 하나님을 믿었다.

하나님은 요한복음 6장 53절에서 56절 말씀으로 응답하셨다.

"진실로 진실로 내가 이르노니 너희가 인자의 살을 먹지 않고 또 그의 피를 마시지 아니하면 너희 안에 생명이 없느니라 내 살을 먹고 내 피를 마시는 자는 영생을 가졌나니 내가 그를 마지막 날에 다시 살리리라 이는 내 살은 참된 양식이요 내 피는 참된 음료임이다"

나는 성찬식을 하지 않을 수 없었다. 그 당시 하나님과 단 둘이 무척 많은 빵을 먹었던 것 같다. 주방에서 요리를 할 때마다 빵을 떼어서 나는 예수님과 함께 죽었다는 고백을 한 후 입에 넣고, 포도 주스를 한 모금 삼키며 예수님과 함께 부활했다고 고백을 했다.

그리스도와 함께 죽는 것도 의미가 있지만,
그분과 함께 부활하는 것은 더 큰 의미가 있다.

실제로 그리스도와 함께 사는 것을 경험하는 사람은 오직 소수의 사람뿐인 것 같다. 요한복음 14장 6절은 예수님이 진리며, 길이며, 생명이라고 말씀한다. 다시 한 번 예수님께서 우리에게 오신 이유가 우리에게 생명을 주시되 풍성하게 주시고자 오셨다는 사실을 강조하고 싶다!

우리는 예수님을 위해 살며 예수님과 함께 살아야 한다. 이것이 우리의 부르심이며 우리가 예수님과 맺은 언약이다. 나는 이 언약 위에 서 있어야만 하고, 여전히 그 위에 서 있다! 빵을 먹는 것은 내 생각과 계획을 버리고 자아를 죽인 후 예수님과 함께 살겠다고 선택하는 것이다. 이것은 죽은 교리와는 완전히 다른 것이다. 하나님은 성찬식의 피의 언약을 존중하는 법과 내 생명을 걸고 그분만을 믿고 따르는 것에 대해 가르쳐 주셨다.

나는 매일 성찬식을 하면서 알도에게 어떤 변화가 일어나고 있는지를 주시했다. 그 당시에 알도는 움직이지도 않고 그냥 침대 위에 누워만 있었다. 나는 늘 긍정적인 생각을 갖고 가능하면 매일 성찬식을 하려고 노력하며 예수님과 함께 사는 것을 택했다. 더 이상 산산조각난 점토판 위에 앉아 있기를 거부했다.

하나님은 다시 한 번 엄마의 첫사랑이 되기를 원하세요.

하나님은 엄마를 축복하셔서 엄마가 생명을 나누고 하나님의

말씀을 선포하기를 원하세요.

하나님이 원하시는 대로 거룩해지세요.

하나님께서 원하시는 방식으로

엄마를 사용하시기를 기도합니다.

엄마, 나에게 기름 부으시고

예수님이 살아 계신다고 세상에 증거하세요.

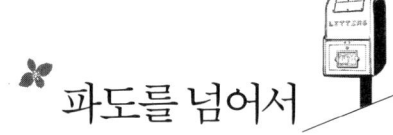

파도를 넘어서

　어느 날 갑자기 모든 게 바뀌기 시작했다. 나는 이 변화를 에스겔 47장 1~6절 말씀, 에스겔 선지자가 본 성전에서 물이 흘러나오는 장면에 비교하고는 한다. 처음에는 물이 똑똑 떨어지는 정도였지만 곧 발목까지 차오르게 되었다. 그 다음에 무릎까지 차올랐고 허리까지 잠길 정도로 물이 차올랐다. 마침내 5절에는 이렇게 쓰여 있다.

"그러나 그 물은 이제 내가 건널 수 없는 강이 되었더라 그 물이 불어나 내 헤엄칠 물이요 건널 수 없는 강이더라"

　내 인생도 마찬가지였다. 물이 차오르기 시작했다. 죄성으로 가득 찬 자아가 정결해질수록 성령께서 더 충만하게 역사하셨다. 나는 육신의 정욕을 이겨낸 신부를 위해 예수님이 다시 오신다는 사실을 상기했다. 우리는 성령님의 능력으로 살아야 한다. 성령님께 사로잡힌 삶을 살아갈 때 개인적인 삶의 목표가 변하게 된다. 나는 시편 1편 3절과 같은 삶을 실제로 살기를 원했다.

"그는 강가에 심겨진 나무 같아서 계절을 따라 열매를 맺으며 그의 잎사귀도 마르지 아니하리니 그가 무엇을 하든지 번성하리로다"

나는 하나님의 불멸의 씨앗이 내 마음속에 심어져야만 내가 과실을 맺게 된다는 사실을 깨닫게 되었다. 그 씨앗은 당신이, "주님, 이젠 그만 할래요. 더 이상은 못하겠어요" 하고 고백할 때만 심겨질 수 있다. 하나님은 당신이 뭔가를 스스로 하려고 하는 한 절대로 당신의 삶을 주도하실 수가 없다. 당신이 당신의 삶에 주인 노릇을 하고 있을 뿐이다. 하나님은 삶의 주도권을 놓고 당신과 경쟁하시는 분이 아니다. 당신은 모든 것을 하나님의 발밑에 내려놓은 후, 뒤로 물러나서 하나님께서 행하시는 일을 지켜보아야 한다.

내가 비로소 살아 계신 하나님과 하나가 될 때, 그분이 내 인생에 가장 중요한 분이 되신다. 나는 오직 그분을 통해서 그리고 그분 안에서만 존재한다. 내가 할 수 있는 일은 아무것도 없으며 그분이 모든 것을 주관하시고 이루신다. 내가 쓰고 있는 이 책이 바로 그분이 일하고 계시다는 강력한 증거물이다. 나는 책을 쓰는 것에 대해서는 완전히 문외한이었지만 감사하게도 걱정할 일은 하나도 없었다. 이 책을 쓰는 사람이 내가 아니라 하나님이기 때문이다. 또한 미래에 대해서도 나는 아무 걱정할 필요가 없었다. 알도의 미래에 대해서도 내가 걱정할 문제가 아니었으며, 내 가족의 모든 공급자도 하나님 되심을 절실하게 느끼고 있다. 하나님이 모든 것을 책임지고 계신다.

나는 그분 손에 들린 도구일 뿐이다. 예수님께서 나를 위해 십자가에서 돌아가셨을 때 내가 승리를 거두었기 때문이다.

우리 인간의 눈으로 주변 상황을 보게 되면 아무 소망이 없다. 알도는 여전히 절뚝거리며 돌아다니고 자주 넘어진다. 사람의 시각으로 알도는 100% 정상이 아니다. 말도 여전히 더듬고 느리며 어조도 단조롭다. 하지만 나는 이 모든 것에서 자유로워졌다. 내 스스로 할 수 있는 일도 없을 뿐 아니라 내 일도 아니었다. 빌립보서 1장 6절에 보면 하나님이 시작하신 일을 하나님이 끝내신다고 했다. 당신이 허락만 한다면, 하나님께서 당신 안에 시작하신 일을 마무리 지으실 것이다.

수개월이 지났지만 알도의 입은 여전히 굳게 닫혀 있었다. 내가 아무리 입을 열라고 간청을 해도 나를 말없이 응시할 뿐이었다. 나는 강연을 갔다가 케이프 타운으로 오는 길에 공항에서 알도가 좋아하는 캔디 가게를 지나게 되었다. 알도는 "저 가게에서는 세상에서 가장 신맛이 나는 지렁이 젤리를 팔고 있어!"라고 말하고는 했다. 그래서 여행할 때마다 그 젤리를 사다 주고는 했는데, 그날도 평소처럼 그 가게로 들어섰다. 마치 그 가게에 있는 모든 사람들이 '아들이 더 이상 그 젤리를 먹을 수 없다는 사실을 알고 있는데 왜 왔느냐'는 듯한 시선으로 나를 쳐다보는 것 같았다. 보통 때 같았으면 한 봉투 가득 담았겠지만 그날은 겨우 젤리 네 개만 구입해서 집으로 왔다. 집에 와서는 알도가 먹지도 못하는 젤리를 사왔다는 사실이 이상하게 보일까 봐 수납장에 몰래 숨겨 두었다. 하나님께, "제가 도대체 이 젤리를 왜 사 온 걸까요?" 하고 여쭤보았다.

설명하기는 어려웠지만 하나님께서 이 신맛 나는 젤리를 알도 입속에 집어넣으실 것만 같았다. 알도가 목구멍으로 아무것도 삼킬 수 없고 입조차 벌릴 수 없다는 사실을 누구보다도 잘 알고 있었지만 그의 입 속에 젤리 하나를 나흘간 계속해서 넣어 주었다.

그런데 이게 웬일인가! 닷새째가 되자 알도가 입을 벌리는 것이었다! 나는 기쁨에 겨워 비명을 지르고 말았다! 고함을 질러서 사람들을 불러 모으며 기뻐서 어쩔 줄 몰랐다. 내가 주님의 세미한 음성에 순종하지 않았다면 알도의 입은 지금까지도 굳게 닫혀 있었으리라는 사실을 깨닫게 되었다. 가끔 우리 내면 깊은 데서 울려오는 또 하나의 음성이 바로 하나님의 음성이라는 사실을 깨달아야 한다. 만약 내가 여러 가지 핑계를 대며 불순종했다면 알도의 입속에 절대로 젤리를 집어넣지 못했을 것이다.

우리 하나님은 초자연적인 분이시다!
하나님께 불가능은 없다!
하나님은 전능하심을 우리에게 알려 주시려고
일부러 우리의 판단으로는 도저히

이해할 수 없는 방법으로 일하신다.

이런 엄청난 돌파가 일어난 후, 아보카도를 포함한 부드러운 음식 위주로 알도를 위한 식단을 만들어 먹이기 시작했다. 나는 음식을 잘게 조각내서 먹여 주었다. 맨 처음 알도의 작게 벌린 입속으로 넣어 준 것은 작은 빵조각이었다. 또 쉽게 삼킬 수 있도록 주스 몇 방울도 떨어뜨려 주었다. 우리는 함께 성찬식을 했다. 예수님의 보혈 한 방울만으로도 알도를 치유하고 나를 변화시키기에 충분했다.

알도를 집으로 데려왔을 때 한쪽 눈은 뜨고 있었지만 실명한 상태였고, 다른 한쪽은 감긴 채 아무 움직임이 없었다. 그런 상태에서도 알도는 글쓰기와 학교 숙제를 시작했다. 밤에는 혼자 자다가 침대에서 떨어질까 걱정이 되어 우리는 알도와 함께 부부 침실에서 잤고, 혹시 혼자 잘 때면 우리가 지켜볼 수 있는 거리에 침대를 배치했다. 더 이상 기저귀도 사용하지 않았기 때문에 밤에는 배변을 위해 화장실까지 안고 다녀와야 했다.

어느 날 밤 알도가 날 깨워서, "엄마, 예수님 봤어?" 하고 묻기에 보지는 못했지만 예수님에 대한 꿈은 꾸었다고 했다. 알도는 예수님이 방금 방에 오셔서 자신의 눈을 만지고 가셨다고 주장했다.

"그분을 볼 수 있니, 알도?" 하고 흥분해서 물어보자 머리를 끄덕였다. 나는 전등을 끄고 잠을 자자고 말했지만 잠이 오지 않았다. 얼굴을 베개에 묻고 울었다. 눈물은 간신히 참았지만 내 영이 흐느끼고 있었다. "하나님, 제게 기적을 베풀어 주세요." "아니다, 리타. 네게 필요한 건 믿음이란다"고 주님은 다정하게 말씀하셨다.

정말 견디기 어려운 나날이었다. 마음의 고통이 폐부를 찌르는 것 같았다. 그로부터 2주 쯤 지난 어느 날 넬스프루트에서 강연을 한 후 집에 늦게 돌아왔다. 알도는 실명한 눈은 감고 동공이 전혀 움직이지 않던 다른 한쪽 눈은 뜬 채 자고 있었다. 우리는 매일 밤 이 눈에 연고를 발라주고 눈꺼풀을 닫아 주었다. 그랬기에 그날 밤도 나는 그저 남편이 눈꺼풀 내려주는 것을 잊었나 보다고만 생각했다.

중뇌 손상으로 인해 알도는 잠을 청하는 데 어려움이 많았다. 심지어 지금까지도 밤에 잠을 이루기 위해 매일 밤 수면제를 먹고 있다. 우리 모두 한숨도 자지 못하는 날도 많았다. 밤을 꼬박 지새우고 일출을 보는 경우도 허다했다. 고통과 피로감을 견디지 못하고 눈물을 터뜨릴 때마다 하나님은 좀 더 인내하라고 말씀하셨다. 때때로 알도가 잠을 이루지 못한 탓에 짜증에 겨워 비명을 지를 때도 있었지만 내가 할 수 있는 일은 아무것도 없었다. 이런 날엔 알도와 나 사이에 오히려 더 강력한 모자의 정이 느껴지고는 했다. 아바 오일로 기름을 발라주면 잠이 들 때도 있었지만 이것도 소용이 없는 경우가 더 많아서, 알도가 잠이 오지 않아 비명을 질러대며 잠투정을 할 때는 어떻게 해 볼 방법이 없었다.

그런 까닭에 그날 밤 곤히 잠들어 있는 알도를 바라보며 옆에 앉아서 영으로 기도하기 시작했다. 눈에 바를 연고를 가지러 가기 전에 눈에 뽀뽀를 해 주려고 입을 쏙 내밀었지만 잠을 깰까 봐 입술을 대지는 않았다. 그런데 알도가 내 입에 뽀뽀를 해 주려고 입술을 모으는 게 아닌가! "알도, 내가 보이니?" 하고 물었다.

그는 엄지손가락을 치켜세우며, "내가 예수님이 이 방에서 내 눈을 고치고 계시다고 했잖아요" 하는 것이었다.

다음날 우리는 알도를 안과 전문의에게 데려갔는데 의사는 알도의 한쪽 눈 시력이 완전히 회복되었다고 진단해 주었다. 하나님이 또 하나의 기적을 베푸신 것이다! 지금도 알도의 눈꺼풀은 여전히 덮여 있고, 그로 인해 평형감각을 갖기도 어렵고 책읽기도 어렵지만 눈동자는 양쪽 다 정상적으로 움직이고 있다. 처음에 시력을 되찾았을 때만 해도 기대하기 어려운 일이었다. 다른 한쪽 눈의 눈꺼풀을 올리려고 수술을 두 번이나 했지만 모두 실패한 후 의사는 이제 눈 상태가 호전될 것이라는 희망을 버리라고 충고했었다. 하지만 나는 이 진단을 거부하며 성난 표정으로, "당신은 우리 예수님의 능력을 몰라요!" 하고 의사에게 대꾸했다.

재진단을 받기 위해 다른 의사를 찾았는데 그는 좀 더 희망적인 소견을 피력했다. 신경 손상이 대부분 복구되었기 때문에 나머지는 하나님의 몫이라고 했다. 하나님의 때는 나의 때와는 다른 것이다.

당신이 만약 내 아들 알도를 보게 된다면, 불가능한 일에 대해 너무 큰 기대를 하고 있다고 생각할 수도 있다. 하지만 이제는 절대로 가능하다고 말할 수 있다. 나 역시 알도가 혼수상태에 빠진 채 중환자실에 누워 있을 때만 해도 알도의 미래를 장담할 수 없었다. 그가 다시 살 수 있는지조차 알 수 없는 절망적인 상황이었다. 하지만 이제는 더 이상 아무것도 걱정하지 않는다. 내가 할 수 있는 일은 아무것도 없으며, 알도의 일은 더 이상 내 일이 아니라 하나님의 일이기 때문이다. 하나님께서 시작하셨으니 그분이 끝내실 것이다. 나는 그분이 완벽하게 마무리 지으실 것이라고 확신한다. 나라는 사람이 선해서라든가 중요해서가 아닌 것만은 확실하다. 나는 다만 그분이 하실 것이라는 믿음만 지킬 뿐이다.

하나님의 메신저

우리가 알도를 처음으로
집에 데려온 날, 알도는 거의 움직이지 못하고 그저 침대 위에 누워 나를 응시할 뿐이었다. 우리 부부는 알도의 몸이 축 처지게 되는 것을 막기 위해 운동을 시키기로 했다. 알도를 위해 특별히 준비한 자전거타기 헬스기계에 알도를 태우는 것은 생각보다 훨씬 더 어려웠다. 두 사람이 알도가 자전거 위에 앉아 있도록 몸을 붙들어야 했고, 한 사람은 머리를 잡고, 또 다른 두 사람은 알도의 발을 꼭 고정시킨 채 자전거 페달을 돌려야 했다. 이 광경을 상상해 보라! 사람들은 다시 걷지도 못할 애를 붙들고 이 난리를 치르는 우리 부부를 이상하게 쳐다보았다. 하지만 그들이 틀렸다! 이 아이는 예수님이 살아 계심을 세상에 증거해야 할 부르심이 있다는 것을 그들은 모르고 있는 것이다!

우리는 또한 알도에게 학교 공부를 집에서 시키기 위해 알파벳부터 가르치기 시작했다. 압박 붕대를 이용해서 알도를 의자에 단단히 고정시키고 나면 재활치료사가 알파벳부터 다시 가르쳤다. 어느 날 알도가 펜을 뚫어지게 쳐다보기에 글을 쓰고 싶냐고 물었더니 고개를 끄덕였다. 손에 펜을 쥐어 주고 제멋대로 움직이는 오른손 근육 때문에 손목을 꼭 붙잡아 주었다. 알도는 사고 후 처음으로 아래와 같이 글을 썼다.

> 엄마, 저를 위해 이렇게 희생해 주셔서 고마워요.
> 엄마가 아니었다면
> 전 지금쯤 죽었을 거예요!

나는 깜짝 놀라 "네가 그걸 어떻게 아니?" 하고 비명을 질렀다. 알도는 다시 아래와 같이 대답했다.

> 사고 직후에 엄마가 제가 살아 있는지 확인하려고
> 제 얼굴을 쳐다보신 거 기억나요?
> 예수님이 저를 안고 천국으로 올라가시는 순간
> 엄마는 예수님의 눈을 똑바로 쳐다보고 계셨어요.
> 저는 예수님과 천국에 늘 함께 있었어요.
> 천국에서 별의별 것을 다 가르쳐 주셨다고요.
> 하나님의 말씀인 성경도 가르쳐 주셨어요.

나는 이 상황이 믿기지 않았다. 나는 곧 알도의 책가방을 열고(세상에! 사고가 난 지 4개월이 지났는데도 여전히 도시락이 책가방 안에 들어 있었다!) 수학책을 꺼내서 분수 문제를 몇 개 내 주었다. 알도는 즉시 답을 썼다. 왜 답만 쓰고 식은 쓰지 않느냐고 다그쳤지만 알도는 또다시 답만 썼다. 나는 답이 맞는지 확신이 들지 않아 남편에게 전화했더니 맞다고 확인해 주었다.

나는 기뻐서 하늘을 나는 기분이었다. 의사는 알도가 사고 사실은 물론 다시는 과거를 기억할 수 없을 거라고 말했지만, 알도는 그가 오진했다는 사실을 증명해 주었다. 하나님이 다시 한 번 세상이 틀렸다고 증명하신 것이다.

의사가 알도의 회복 사실을 믿지 않으리라는 사실을 잘 알면서도 나는 즉시 그에게 팩스로 알도가 풀어 낸 산수 문제지를 보내 주었다. 하지만 곧이어 나의 경솔한 행동에 대해 후회를 했다. 왜냐하면 내 동기가 순수하지 못했기 때문이다. 내 아들을 믿지 못한 의사에게 내가 화를 내고 있었던 것이다. 그는 단지 의사로서 확률에 근거한 의학적인 진단을 알도에게 내렸을 뿐인데 내가 과민 반응을 보인 것이다. 성령께서 직접 그 의사에게 예수님이 살아 계신다는 사실을 알려주시라고 요청하기보다는 내가 직접 증명해 보이고 싶었던 것이다. 그 후에 물론 그를 판단한 죄를 고백하고 주님께 용서를 구했다. 그리고 나서야 의사를 용서할 수 있었다.

알도는 사고 순간을 포함해서 모든 것을 기억했다. 사고가 난 지 몇 개월이 지난 어느 날 사고 현장을 지나고 있었는데, 알도가 사고 현장에서 어떻게 그의 영이 육체를 빠져 나갔는지에 대해 자세하게 얘기하기 시작했다. 알도는 마치 회색빛 물질이 그의 몸을 빠져나가는 것 같았고 그다음 순간에 그의 몸은 아무런 흠도 없이 완벽해졌다고 했다.

"나는 완전히 치유되었어요. 엄마가 내 옆에서 무릎을 꿇는 것도 보았고 나는 모든 과정을 다 지켜 보았어요" 하며 설명했다.

글을 쓰기 시작한 후, 알도는 매일매일 뭔가를 쉬지 않고 메모했다. 특별히 "예수님"이란 단어에는 항상 동그라미를 치고는 했다. 수십 장씩 계속해서 써내려 갔는데 나는 이런 알도의 행동이 이해되지 않아 왜 그렇게 하는지를 물었다.

> 나를 걷게 해 주시고
> 다시 말하게 해 주실
> 예수님 감사합니다.

"엄마가 내가 다시 살아날 거라고 생명을 선포하던 그 꿈 기억나세요? 예수님도 제게 매일매일 생명에 대해서 얘기하라고 하셨어요. 그래서 이렇게 매일 글을 쓰는 거예요"라고 대답했다.

그러더니 우리가 상상할 수도, 이해할 수도 없는 요구를 해 왔다. 노트를 한 장 넘기더니 한쪽 구석에 "제게 침례식을 해 주시겠어요?"라고 쓰는 게 아닌가! 알도는 이미 아기 때 유아세례를 받았기 때문에 나는 의아스러웠다. 나는 이유를 캐물었지만, 침례를 받겠다고 우길 뿐 그 이유에 대해선 입을 굳게 다물었다. 왜 침례가 그토록 중요하냐고 다시 한 번 질문하자 아래와 같이 썼다.

> 예수님이 내게 땅으로 다시 돌아가자마자
> 침례를 받아야 한다고 하셨어요.
> 우리는 예수님 말씀에 순종해야 해요, 엄마.

나는 그때서야 이 요구가 하나님의 뜻이라는 사실을 깨닫게 되었다. 우리는 알도에게 단 한 번도 성인 침례에 대해서 얘기해 본 적이 없었다. 나는 우리 교회 목사님께 이 사실을 알린 후에 알도를 우리 교단에 속한 한 교회로 데려가서 침례를 시켰다. 침례 당시 알도의 한쪽 눈이 전에 한 번도 본 적이 없는 모습으로 엄청나게 빛을 내는 것을 보았다. 침례식 후에 알도는 아래와 같이 적었다.

> 하나님께 순종해서 고마워요.
> 우리 모두 이렇게 순종해야 하는데.
> 하나님이 말씀하시면 반드시
> 순종해야 해요, 엄마.

침례를 받은 지 한 달 쯤 지난 후에 내 친구가 우리 집에 놀러 왔다. 마침 알도는 수영장에서 튜브를 타고 있었는데 알도는 내 친구를 보자마자, 마치 그녀에게 뭔가 할 말이 있다는 듯이 내 친구를 부르는 시늉을 했다. 뭔가를 쓰고 싶다는 표현을 해서 펜과 노트를 알도에게 주었더니 아래와 같이 썼다.

> 아주머니, 예수님께서 침례를 받으시래요.
> 오랫동안 침례 받으시라고 말씀하셨는데도
> 순종하지 않으셨다는군요.
> 이젠 더 이상 미루지 마시고 반드시 받으셔야 해요.

나는 너무 당황해서 그 메모를 보여 주지 않으려고 했지만, 친구가 강력하게 보기를 원해서 별수 없이 보여주었다. 그 글을 보자마자 친구는 알도의 말이 맞다며 울음을 터뜨렸다. 그녀는 하나님께서 수개월 동안 자신에게 침례에 대해서 말씀하셨지만 듣지 않았었다고 했다. 그녀는 즉시로 풀장으로 들어갔고 알도가 침례를 주었다.

알도는 천국에 대해서 더 많이 쓰기 시작했다. 나는 알도가 쓴 내용에 대해 어떻게 반응해야 할지 몰라 하나님께 여쭈어 보았다.

"주님, 알도가 쓰는 내용은 다 너무 초자연적이어서 믿기가 어려워요. 이해할 수가 없어요. 어떻게 천국에 다녀올 수 있었죠?" 주님은 요한복음 11장 40절 말씀으로 답변을 대신하셨다.

"만일 네가 믿으면 하나님의 영광을 보게 될 것이라고 내가 말하지 않았느냐"

> 우리는 아브라함과 모세와 같은
> 성경 속 인물과 천사와 함께,
> 천국에 계신 하나님을 보게 될 거예요.
> 안톤과 드웨인도 그곳에 있을 거예요.
> 나는 천국 갈 생각만 하면 너무 좋아. 엄마는 어때?
> 내가 가끔 엄마를 힘들게 하고 말도 잘 안 할 때는
> 너무나 간절히 천국이 그리울 때야.
> 엄마, 제발 사람들에게 그들이 죽고 나면 천국이나 지옥,
> 둘 중에 한 곳으로 가게 된다고 얘기 좀 해 주세요.
> 마귀에게 순종하는 사람들은 지옥으로,
> 하나님의 뜻대로 이 땅에서 사는 하나님의 자녀들은
> 천국으로 가게 될 거예요.
> 엄마랑 나는 예수님을 함께 만나게 될 거야.
> 엄마, 난 그날이 빨리 왔으면 좋겠어.

어느 날 알도가 다음과 같이 썼다.

"예수님은 살아 계시기 때문에 우리는 실망할 필요가 없다고 하셨어. 우리는 그냥 그 사실을 믿기만 하면 돼. 예수님, 감사합니다!

우리 아들 알도가 하나님의 메신저가 되었다는 사실도 받아들이기 어려웠지만, 영계와 연결된 것은 물론 자신의 사명에 대해서도 잘 알고 있다는 사실을 수용하는 것은 더욱 힘들었다. 알도가 아직은 세상에 나가지 못하고 있지만, 우리 가정 내에서 알도가 하는 사역은

점점 비중이 커져만 갔다.

> 나는 성령님이 말씀하시는
> 것만 쓰고 있어요.

어느 날부터 알도는 '안톤'이라는 이름을 자주 말하기 시작했다. 그 당시만 해도 겨우 몇 마디만 할 수 있었을 뿐인데도 계속해서 '안톤'에 대해 얘기하기에 나는 무척 혼란스러웠다. '안톤'이라는 이름은 우리에게는 전혀 생소한 이름이었다! 나는 기분 전환을 시켜 주기 위해 알도를 쇼핑몰에 데리고 갔지만, 그곳에서도 계속해서 "안톤, 안톤" 하는 것이 아닌가.

그날 밤 알도는 천국에서 안톤을 만났다고 노트에 적었다. "안톤이 지금은 건강하다고 안톤의 부모님께 얘기해 주세요"라고 말이다. 알도가 이 얘기를 하면서 머리로 동그라미를 그렸는데 그 당시는 그것이 무슨 뜻인지 이해하지 못했다. 그러더니 나에게 안톤의 부모님이 살고 있는 집의 방향을 가리켰다. 그러나 나는 그 사람들을 찾아보는 대신 노트를 사물함에 잘 보관했다. 솔직히 말하면 그들을 찾아볼 생각은 추호도 없었다.

어느 날, 내 친구가 우리집을 방문했는데, 알도는 내가 하나님께 불순종하고 있다는 내용을 적었다.

> 엄마가 안톤의 부모님을 찾아서
> 안톤이 지금 건강한 모습으로
> 예수님과 함께 행복하게 살고 있다고
> 얘기해 주어야 하는데…

내 친구는 알도가 가리킨 방향으로 안톤의 부모님을 찾아 나섰다. 그녀는 마침내 그들을 찾아서 알도의 메시지를 전달했다. 알고 보니 안톤은 다운증후군을 앓다 죽었고, 알도가 머리를 돌리면서 표현하려던 것이 바로 그것이었다. 안톤은 모습이나 증상이 알도가 표현했던 것과 똑같았다.

알도는 또 드웨인을 천국에서 만났다. 어느 새벽에 알도가 다음과 같이 썼다. "엄마, 아들이 모래사장에 파묻혀서 죽었던 그 아이의 부모가 기억나요?" 나는 그 부모가 알도가 혼수상태로 병원에 있는 동안 우리를 찾아와서 위로해 주었기 때문에 기억하고 있었다. 하지만 이 사실을 어떻게 알도가 알고 있는지 도무지 알 수가 없었다.

알도는 아래와 같이 썼다.

> 드웨인은 천국에서 예수님과 함께
> 안전하게 지내고 있어요.
> 그는 돌아오고 싶지 않대요.
> 오히려 세상 사람들이 천국에 올
> 준비를 해야 한다고 말했어요.

하나님께서 다시 내게 나타났을 때, 예수님의 탄생에 대해서 물어 보셨다. 나는 단지 초자연적인 탄생이었다고만 대답했다. 초자연적이란 말은 무조건 믿어야 하는 것이다. 마치 알도가 하나님께 메시지를 받는 것처럼. 알도가 아래와 같이 쓴 날도 있다.

> 하나님을 믿으세요.
> 하나님을 믿으세요.

새 목소리 찾기

어느 날 시내에 나갔었는데 어떤 사람이 "제발 현실을 직시하고 알도가 더 이상 호전되지 않는다는 사실을 깨달으라"는 충고를 해서 나는 기분이 몹시 상한 채 집으로 돌아왔다. 알도가 내 눈을 똑바로 쳐다보며 물었다. "예수님이 다시 돌아오실 때 우리 중 단 한 명이라도 믿음을 볼 수 있을까요?"

내 삶의 여정은 점점 이상하게 흘러가는 것 같았다. 한때는 하테비스트에서 프리토리아를 오가는 동안 차 속에서 조용한 시간을 갖기 위해 알도가 입을 다무는 대가로 5분에 한 번씩 알도에게 돈을 준 적이 있었는데, 사고 후에는 반대로 알도의 수다 떠는 소리를 들을 수만 있다면 더 많은 돈이라도 지불하고 싶은 심정이었다.

나는 알도를 데리고 수많은 언어 치료사를 찾았지만, 그들 대부분은 알도가 다시는 말할 수 없을 것이라는 진단을 내릴 뿐이었다. 오랫동안 내가 하나님께 간절히 기도드려 온 오직 한 가지는 나에게 자비를 베푸셔서 믿음을 지킬 수 있도록 도와 달라는 기도뿐이었다. 나는 알도가 예수님의 살아 계심을 세상에 증거할 것이라는 하나님의 약속을 붙드는 것 외에는 아무것도 할 수 없었다. 하지만 너무나 어려운 일이었다.

그러던 어느 날 나는 라디오 방송에 나가서 간증을 하게 되었는데, 그 방송을 들은 어떤 언어 치료사가 하나님께서 자신에게 알도를 도와주라고 하셨다며 연락을 해 왔다. 하지만 막상 알도를 데리고 그녀의 사무실로 찾아가자 뭔가 망설이는 눈치였다. 그때 알도가 '걱정하지 말라'고, '예수님께서 자기를 고쳐주실 것'이라고 적은 노트를 그녀에게 보여 주었다.

알도는 매일 뭔가를 적었다.

> 예수님이 나를 다시 말하게
> 하실 거야.

몇 개월이 지났지만 알도의 입에서는 아무 소리도 나지 않았다. 그러나 그 치료사는 알도에게 어떤 소리도 상관없으니 소리를 내면 소리가 결국엔 단어를 만들어 줄 거라고 말했다. 어느 날 치료 시간에 치료사는 알도에게 '달팽이'라는 단어를 말해 보라고 주문했다. 그런데 알도가 입을 열어서 "달-패-앵-이" 하고 말하는 것이 아닌가! 그러더니 곧이어 말을 술술 하기 시작했다.

그 이후로 지금까지 알도는 말소리에 장단은 없어도 비교적 자유롭게 의사 표현을 하고 있다. 알도의 말을 듣고 이해할 수 있게 된 지금의 상황에 오기까지 배운 한 가지 사실은 하나님의 때와 나의 때가 다르다는 점이었다.

알도는 자신의 회복을 위해 기도해 준 친구들에게 아래와 같은 편지를 썼다.

> 예수님이 내 생명을 구하셨어.
> 그분은 하나님의 영광을 위하여 우리를 사용하셔.
> 날 위해 기도해 줘서 고마워.
> 예수님이 너희가 날 위해 기도하고 있다고 알려 주셨어.
> 너희가 예수님을 믿고 기도한다고
> 많이 자랑스러워 하셨어.
> 예수님은 너희를 많이 사랑하셔.
> 우리가 그분을 섬길 때, 그분은 행복해하셔.
> 예수님은 우리를 축복하시고 성령님과
> 함께 기름 붓기를 원하셔.
> 우리 모두 언젠가는 그분의 보좌 앞에 서게 될 거야.

알도의 편지는 우리 모두에게 소망을 주었다. 그 편지 중 하나에 알도는 '엄마는 나를 항상 사랑으로 돌봐 주고 계시며 예수님이 나를 치유하실 것이라고 약속했을 때, 엄마가 하나님과 함께 보좌에 있었기 때문에 엄마는 예수님이 나를 치유하실 것이라고 굳게 믿고 계시다'고 썼다. 또 예수님이 이미 자신의 치유에 대한 대가를 치르셨기 때문에 우리는 절대로 이 믿음을 포기해선 안 된다고도 썼다.

알도는 나와 자신이 계속해서 하나님께 희생 제사를 올려드리며 예수님에 대해서 세상에 증거할 것이라고 아래와 같이 큰 글자로 노트에 적었다.

> "예수님이 살아 계신다는 사실은
> 온 세상이 반드시 알 필요가 있어!"

하지만 또 다른 편지에는 '알도가 사고를 당한 것은 우리가 아직도 세상에 살기 때문이라고 예수님이 말씀하셨다'라고 썼다. 그렇기 때문에 남편과 나는 사고와 관련해서 절대로 서로를 탓해선 안 되며, 이 사고를 통해 예수님께 영광을 돌리게 될 것이라고 예수님이 말씀하셨다고 썼다.

알도는 2004년에 6개월간이나 학교에 가지 못했으면서도 연말에 치른 시험을 당당히 통과했다. 여전히 말도 잘 못하고 도움이 없이는 글도 잘 쓰지 못하는 알도에게 이것은 엄청난 성공이었다! 그 다음 해에는 가정교사와 함께 집에서 학습을 계속해 나갔다. 그러나 1년 후, 가정교사가 퇴직을 하는 바람에 우리는 알도를 어떻게 교육시켜야 할지 몰라서 난감했다.

우리는 가족 휴가 기간 동안 알도의 양육에 대해서 우리가 해야 할 일을 알려 달라고 계속 기도드렸다. 알도의 말을 알아듣는 사람이 거의 없었기 때문에 알도를 돌봐 줄 사람은 거의 초자연적인 수준에 도달해야 할 만큼 특별한 자질을 갖추어야 했다. 동시에 성품 역시 거의 천사와 같은 사람이어야 했다! 하지만 하나님께서 이 모든 상황을 다 아시고 간섭하시기 때문에 아무런 걱정을 할 필요가 없다는 사실을 내 영은 잘 알고 있었다.

정말 그 믿음이 이루어졌다. 휴가에서 돌아오자마자 그 일을 감당하기에 완벽한 자질을 갖춘 여자를 소개받았다. 그녀가 우리 집에 들어서는 순간 우리는 그 눈 속에 담긴 예수님의 사랑을 볼 수 있었다. 우리는 기도에 대한 응답으로 그녀가 오게 된 사실을 즉시 알 수 있었다. 그녀는 전직 치유 교사였고, 1년 전부터 장애아동을 돕게 해 달라고 하나님께 기도해 오고 있었으며, 알도의 사고 소식을 신문에서 처음 접한 후 알도가 천천히 회복되고 있다는 소식을 다시 듣게 되었을 때 무척 기뻤다고 했다. 그녀는 신문을 통해 알도의 소식을 접했을 때만 해도 앞으로 자신이 알도의 삶에 중요한 역할을 감당하게 될 것이라고는 전혀 몰랐었다.

그래서 패트리는 알도의 가정교사가 되었다. 그녀는 알도가 까다롭게 굴거나 기분이 변덕스러울 때도 한결같은 사랑과 친절함으로 대해 주었고, 나중에 알도의 증세가 다시 악화되었을 때도 변함없이 우리를 도와주었다. 알도가 잘하고 있는지 내가 물어볼 때마다 항상 긍정적인 답변으로 알도를 격려하고 우리에게 힘을 주었다. 그녀는 믿음을 지키며 오직 생명에 대해서만 이야기하는 신실한 믿음의 여인으로 고린도전서 13장 13절 말씀을 삶으로 그대로 보여 주었다.

"그런즉 믿음 소망 사랑 이 세 가지는 항상 있을 터인데 그 중에 제일은 사랑이라"

알도는 자주 천사들을 만나서 대화를 나누었다. 하지만 언젠가 알도에게 천사가 어떻게 생겼느냐고 묻자, 이 땅에서 천사를 보고자 하는 사람들은 자신의 선생님인 패트리를 보면 된다고 써 주었다. 나는 알도의 일기장에서 이 내용을 발견하고는 펑펑 울었다. 다른 사람들은 이해하지 못하겠지만, 패트리는 실제로 하나님께서 우리 가정을 축복하기 위해 보낸 천사임이 분명했다. 패트리는 알도의 수호 천사였다. 매일 알도를 재활원에 데려가 주는 것 외에도, 알도를 보호하고, 돌봐 주고, 교육시키고, 훈계했으며, 알도가 바른 길을 갈 수 있도록 지도해 주었다.

패트리를 보내 주신 주님을 찬양합니다!

2006년 가을, 어느 날 밤에 알도가 집에서 실종되었다. 남편이 알도를 화장실에 데려가려고 새벽 세시쯤 일어났는데 도대체 알도를 찾을 수가 없었다. 남편이 나를 깨워서 함께 알도를 찾아 나섰다. 나는 혹시 휴거가 일어나서 알도가 사라진 게 아니냐며 농담을 했지만, 남편은 심각하게 받아들이고 있었다. 우리는 마침내 우리 집 옆에 있는 빈 헛간에서 알도를 찾아냈다. 알도는 나무 아래 서서 그의 눈에만 보이는 누군가와 얘기를 나누고 있었다.

"알도, 누구와 대화하고 있는 거냐?" 남편이 물었다.

"아빠, 그가 안 보이세요?" 알도가 대답했다.

우리 눈엔 아무도 보이지 않는다고 대답하자, "라파엘 천사잖아요" 하고 알도가 설명했다. 우리가 살고 있는 하우텡 프로방스에서 제정신을 가진 사람이라면 새벽 세시에 돌아다닐 리가 없다고 생각한 우리는 알도를 집으로 데려왔다. 우리는 알도에게 이제 그만 얘기하라고 말했지만, 계속해서 중얼거렸으며 라파엘 천사 역시 알도에게 할 말이 더 남았는지 알도는 계속해서 대화를 이어나갔다.

우리는 "라파엘 천사에게 이제 다시 잠자리에 들어야 한다고 얘기하렴. 너는 내일 아침에 수업이 있잖니"라며 알도를 진정시키려고 했지만 불가능했다. 우리 집은 천사의 강력한 임재로 가득했다. 알도는 이에 대해 아래와 같이 썼다.

> 예수님이 더 이상 밤에
> 돌아다니지 말라고 말씀하셨다.
> 예수님이 직접 나를
> 고치신다고 하셨다.

다음날 아침에 나는 라파엘 천사에 대해 인터넷에서 찾아보았다. 라파엘은 성경에 치유의 천사로 여러 번 등장하고 있었으며, 하나님의 영광 안으로 들어갈 수 있는 의인의 기도를 운반하는 일곱 천사 중의 한 명이었다.

나는 기도를 하면서 하나님께 왜 알도가 천사들을 자주 만나는지 여쭈어 보았다. 그리고 왜 나는 그들을 볼 수가 없는지에 대해서도 말이다. 그러자 "내 눈을 열어 보게 하소서"(왕하 6:17)라는 말씀이 대답으로 되돌아와서 기도하게 만들었다.

내가 간증 집회를 갈 때마다 많은 사람들이 알도에게도 간증을 시키라고 요구한다. 그러나 알도는 영적으로 거인과 같이 성숙하지만, 그의 몸은 아직 하나님의 뜻과 말씀을 선포할 만큼 회복되지 못했다. 알도는 자주 일기장에 하나님께서 자기를 통해 성취하시려고 시작하신 일을 완벽하게 마치실 것이며, 내가 그날에 "예수님은 살아 계시다!"며 기뻐하게 될 것이라고 적었다.

어떤 면에서는 알도는 이미 간증을 시작한 것이다. 알도는 거의 매일 일기를 썼다.

> 엄마, 예수님이 살아 계신다고 세상에 말씀하세요!
> 나는 예수님과 모세와 아브라함과 천사를 보았어요.
> 하나님이 보좌에 앉아 계시는데
> 우리에게 세상에 나가서
> 그분에 대해 전하라고 말씀하셨어요.

알도는 예언의 은사를 받았지만 자신의 의사를 적절하게 표현하지 못해서 안타까웠다. 한 가지 예를 들어서 설명하자면, 어느 날 알도가 학교 선생님께 예언을 했다. 그 선생님은 패트리에게 급한 일이 생겨서 알도를 대신 돌보러 집에 와 있었는데, 얼마 전에 유산을 해서 아직도 그 상처에서 헤어나오지 못하고 있었다. 알도는 그녀의 눈을 바라보며 하나님은 그 부부를 황금빛 실로 묶어 놓았고 2006년 10월 11일에 사내아이를 낳게 될 것이라고 예언했다. 이로 인해 그녀는 다시금 소망을 품게 되었고 믿음으로 그 예언을 붙들었다. 얼마 지나지 않아 그 선생님은 실제로 다시 임신하게 되었고, 의사는 예정일이 10월 18일쯤 된다고 했다. 하지만 선생님은 알도의 예언을 기억하며 10월 11일에 아기를 낳을 수 있도록 만반의 준비를 갖추었다. 마침내, 10월 11일에 진통이 시작되어 병원으로 후송되었다. 산부인과 의사는 분만을 늦추기 위해 진통을 진정시키려고 노력했지만, 13일엔 더 이상 분만을 늦출 수가 없어서 그날 응급실에서 사내아이를 분만하였다. 그녀는 자주 의사의 방해만 아니었다면 알도의 예언대로 아기가 정확히 11일에 태어났을 것이라고 간증하고는 했다. 하나님은 항상 100% 정확한 분이시다.

또 한 번은 이런 일이 있었다. 어느 날 내가 고객과 상담을 하고 있는데, 알도가 학교에서 집으로 돌아왔다. 나와 함께 있는 여자 고객과 알도는 서로 바라보았다. 나는 알도가 이런 식으로 누군가를 바라보기 시작하면 뭔가 일이 생긴다는 사실을 잘 알고 있었기 때문에 은근히 기대가 되었다. 알도는 그녀의 팔을 잡고 예수님이 살아계신다는 사실을 세상에 전하라고 자신을 예수님이 다시 세상으로 보내셨다고 간증했다. 내가 알도의 다소 돌발적인 행동에 대해 사과하자, 그녀는 활짝 미소를 지으며 자신도 환생을 믿기 때문에 괜찮다고 답변했다.

환생이라니! 진리를 알지 못하는 그녀를 보며 깊은 동정심을 느껐다. 하나님은 호세아 4장 6절 말씀처럼 "내 백성이 지식의 부족으로 멸망하는도다"고 안타까워하신다. 그녀가 성경을 알기만 했더라도, 히브리서 9장 27절의 사람들이 "한 번 죽는 것은 사람들에게 정해진 것이고 그 뒤에 심판이 정해진 것 같이"라는 말씀의 진리를 깨달았을 것이다.

위의 두 가지 실례를 통해서 내가 하고 싶은 말을 독자들이 이해했기를 바란다. 알도는 자주 특정한 사람들에게 구체적인 메시지도 주고 강력한 증거도 했지만, 아직도 적절하게 표현하지 못해서 안타까울 뿐이다.

알도는 성경에 나오는 선지자 사무엘과 여러 면에서 공통점이 있었다. 언젠가는 자신이 선지자 사무엘처럼 성전에 가서 성경 말씀을 공부해야 한다고 적었다. 사무엘이 12세 때 성전으로 들어가서 말씀 공부를 시작했고, 알도 역시 12세 되던 해에 사고를 당했다. "엄마, 엄마는 성경에 나오는 한나랑 비슷해요. 한나는 사무엘의 엄마였지만, 사무엘은 더 이상 한나의 소유물이 아니었어요. 저 역시 아무에게도 속해 있지 않아요, 엄마. 엄마가 저를 하나님께 산 제물로 바치셨다는 사실을 기억하세요. 저는 이제 하나님의 것이예요"라고 알도가 말했다.

고난 속에 꽃피는 우정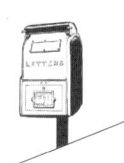

　　　　　　사고 전만 하더라도 알도는 학교에서 많은 친구를 가진 리더였다. 친구 중에는 브래들리가 있는데, 알도가 사고로 혼수상태에 빠져 있을 때도 브래들리는 포기하지 않고 계속 알도를 찾아왔다. 그리고 퇴원 후에도 계속해서 우리 집으로 와서 알도에 대한 그의 돈독한 우정을 보여 주었다. 어떤 때는 근육 경련이 일어난 알도의 다리를 마사지하며 고통을 덜어 주기도 했다. 한 번은 내가 이렇게 장애자가 된 알도를 보는 것이 괴롭지 않느냐고 물어 보았더니, 알도는 변함없이 자신의 친구이며 오히려 예전보다 더 좋은 친구가 되었다고 대답해 주었다.

　주님, 브래들리를 축복해 주세요!

　알도의 학교 선생님이 연말에 알도의 반 친구들을 데리고 방문하셔서 나는 큰 위로를 받았다. 하지만 알도는 이미 반 친구들에게 이방인이 된 듯, 그들은 멀리서 알도를 바라만 보았다. 친구들이 모두 돌아간 후, 알도는 벤치에 앉아서 창 밖을 한참 동안 응시하더니 급기야 얼굴을 감추고 소리 내어 울기 시작했다. 나는 마음이 아파서 알도를 안고 왜 우는지 물어 보았지만, 알도는 자기를 위해 기도해 달라고만 했다. 다음날 알도는 이 사건에 대해 일기장에 썼다. 알도는 그들과 어울리려고 노력했지만, 이미 그들은 자신의 과거에 속한 사람들이란 사실을 깨달았다고 했다. 반친구들은 그 이후 다시는 알도를 방문하지 않았다. 그들도 알도를 어떻게 대해야 할지 난감했던 것 같다. 그들은 자신의 미래를 향해 열심히 뛰고 있는 데 반해 알도는 낙오자가 된 것처럼 느껴진 것이다.

우리는 알도의 기분 전환을 위해 '미스 남아프리카 공화국' 선발 대회에 데리고 갔다. 그 당시 알도는 말하고 쓸 수 있었고 영적으로는 엄청나게 성숙하였다. 그 대회장에서 알도가 우리에게 얘기하고 있는 찰나에 한 여자가 딸과 함께 옆을 지나가고 있었다. 그 당시 이유는 모르겠는데 알도는 얘기할 때 손을 위로 번쩍 들어 올리고는 했다. 그런데 이 소녀가 그 장면을 보더니만, "어머 쟤 좀 봐! 괴물 같다!"라고 하며 비명을 질렀다. 남편과 나는 눈이 마주쳤다. 나는 알도가 이 소리를 들었다고 생각하니 가슴이 무너져서 더 이상 앉아 있을 수가 없었다. 알도는 오히려 그녀를 용서하라고 나를 위로했지만 나는 감정에 못 이겨서 호텔방으로 돌아와서 가슴이 찢어지는 듯한 아픔을 느끼며 통곡을 했다. 하나님께 더 이상 이 모든 것을 견딜 수가 없다고 울부짖었다.

사람들이 얼마나 잔인할 수 있는지….

이와 비슷한 사건이 또 있었는데, 한 번은 내 친구가 집으로 찾아와 정원 벤치에 잠시 앉아서 얘기를 나누었다. 친구의 아이들은 차에 계속 남아 있어서 나는 친구에게 왜 아이들은 들어오지 않느냐고 물었다. 그러자 친구는 아이들이 알도를 만나기를 꺼린다고 설명해 주었다. 우리 근처에서 이 모든 대화를 들은 알도는 뒤돌아서 집을 향해 걸어가기 시작했다. 걷다가 계단 위에서 넘어졌지만 결국은 계단을 기어서 집 안으로 들어갔다. 그리고 자기 방으로 들어가서는 문을 걸어 잠갔다.

이 광경을 지켜보는 내 마음이 무너져 내렸다. 이 모든 상황에서 나는 매일 하나님의 용서가 필요한 것처럼, 내 친구도 용서해야 한다는 생각이 들었다.

그래서 우리는 사람들을 방문하지 못하도록 했고, 오더라도 아이들은 데려오지 말라고 부탁했다.

> 나는 내 친구들과 다시 어울려
> 놀고 싶은 마음이 간절하다.
> 나는 그저 보통
> 사람처럼 살고 싶다.

우리는 나중에 대부분의 아이들이 장애아들과 어울리는 방법을 모르기 때문에 알도를 피했다는 사실을 알게 되었다. 나는 차라리 아이들과 함께 오지 않으려면, 아무도 우리를 방문하지 않았으면 좋겠다고 생각했다. 자녀와 함께 오지 않는 사람들은 마치 알도가 자기네 아이들과 어울릴 자격이 없다고 말하는 것처럼 느껴졌다. 나는 알도 역시 이 사실에 대해 상처를 입고 있는 상황을 지켜보며 그 자녀의 부모를 원망했다. 나와 친구들과의 관계에 서서히 금이 가기 시작했고, 나는 우리의 우정에 한계를 느꼈다.

이런 일을 통해 나는 더 이상 주변 사람들을 신뢰하지 못하게 되었기에, 내가 오직 붙들고 의뢰할 수 있는 분은 하나님 한 분뿐이었다. 지금은 하나님의 도움으로 의식적으로 혹은 무의식적으로 우리에게 상처를 입힌 모든 사람들을 용서할 수 있게 되었다. 오히려 이런 길로 인도하신 하나님께 감사를 드리고 있다. 나는 이런 과정을 통해 내가 예수님과 함께 기꺼이 죽기로 자원할 때, 그분과 함께 살 수 있는 목적지를 향해 가고 있다는 사실을 깨닫게 되었다.

이제 사고가 난 지 3년 째가 되었고, 알도의 건강과 알도를 둘러싼 재활 환경은 나날이 좋아지고 있다. 지금 알도는 패트리처럼 자신에게 깊은 사랑을 보이며 알도를 편견없이 받아들인 사립학교에 다니고 있다. 심지어는 다른 아이들과 축구 경기를 할 때도 있다. 알도는 아직도 자주 쓰러지기 때문에 머리엔 헬멧을 쓰고 무릎 보호대를 차고 경기를 한다. 네 번 경기를 하면 네 번 다 넘어지지만, 항상 다시 일어나서 경기를 지속하고 또 넘어지기를 반복한다. 머리엔 항상 혹이 나 있고 다리와 무릎에는 딱지가 떨어지기 전에 또 새로운 상처가 생기고는 한다.

알도는 2006년 4월에 아래와 같이 썼다.

> 나는 다시 축구 경기를 할 거야.
> 엄마, 내가 더 잘 걷고 더 잘 말할 수
> 있게 도와주세요.
> 나는 다시 달릴 것이며 복음을 증거할 거예요.
> 하나님은 우리를
> 온 세상에 보내서 예수님이 살아 계신다는
> 사실을 증거하게 할 거예요!

알도의 학교 친구들이 알도의 팔을 붙들고 함께 축구 경기장을 달려가는 장면을 볼 때마다 나는 감동에 겨워 어쩔 줄 모른다! 알도를 사랑하고 무조건적으로 받아준 아이들 한 명 한 명에게 깊은 감사를 표하고 싶다.

신랑을 기다리며

자기 전에 알도와 조쉬가 함께 목욕을 할 때마다, 알도는 "예수님! 예수님!" 하고 크게 불러댔다. 조쉬 역시 뒤질세라 형을 따라서 예수님을 연호하곤 했다. 나는 두 형제가 만들어 내는 소음 때문에 옆집에 방해가 될까 봐 창문과 문을 꼭 닫아야만 했다. 어느 날 밤 욕조 모서리에 걸터앉아 "왜 목욕할 때마다 그렇게 예수님을 목놓아 불러대니?"라고 알도에게 물어보았다.

"예수님이 빨리 오셔서 저를 다시 천국으로 데려가셨으면 해서요. 이 땅에 사는 것보다 천국이 훨씬 좋아요" 하고 대답했다. 천국에는 이미 자기 집이 완성되었으며 문패까지 달려 있다고 어느 날엔 자랑까지 했다. "엄마, 예수님이 빨리 오셔서 나를 다시 천국으로 데려가시도록 저와 함께 기도해 주세요" 하고 알도가 부탁했다.

아, 저 순진한 내 아들은 내가 자신을 조금이라도 더 이 땅에 머물게 하기 위해 얼마나 열심히 기도했는지 전혀 모르는 것 같았다!

한 번은 어떤 사람이 알도에게 죽음이 두렵다고 얘기한 적이 있었다. 알도는 그 다음 날 하나님의 얼굴을 구하는 모든 사람에게 아래와 같이 적었다.

> 나처럼 예수님의 임재를 구하는 성도 여러분에게,
> 예수님이 우리를 다시 찾아오실 그날을 준비하세요.
> 우리가 생각한 것보다 더 빨리 오실 거예요.
> 예수님을 당신의 개인적인 구세주로 영접하지 않으실래요?
> 영접하지 않으면 지옥에 갈 수밖에 없어요.
> 아직 기회가 남아 있을 때 빨리 영접하세요.
> 예수님은 이미 당신과 나를 구원하시기 위해 필요한
> 모든 것을 다 지불하셨어요.
> 저는 지옥과 천국을 다 다녀왔어요.
> 지옥에 가고 싶지 않다면 제가 하는 말을 꼭 믿으셔야 해요.
> 제발 예수님을 지금 당장 영접하세요!
> 예수님은 당신을 너무나 사랑하세요.
> 제 말을 믿으세요. 예수님이 저를 다시 이 땅에 보낸 것은
> 바로 여러분을 위해서랍니다.
> 저는 다시 돌아오고 싶지 않았지만 여러분을
> 준비시키기 위해서 순종했답니다.

알도는 천국 문에 걸려 있는 황금 다리에 대해 자주 얘기했다. 어느 날 알도가 머리를 팔로 감싼 채 우는 소리를 내고 있었다. 왜 우느냐고 묻자, "천국에 거대한 황금 다리가 있는데 수많은 사람들이 다리 건너편에 있는 진주 문을 통과하려고 밀려오고 있어요. 하지만 문 앞에서 들어가지 못하고 다들 서 있어요. 문 앞에 서서 울기만 하고 있어요" 하고 설명했다.

"왜 들어갈 수가 없니, 알도?"

"엄마, 모르세요? 문 안쪽에서는 결혼식이 거행되고 있는데 흙 묻은 더러운 옷을 입으면 결혼식에 참여할 수가 없어요. 결혼 준비가 안 된 사람들이에요."

"흙 묻은 옷이라구?"

"네, 옷이 온통 흙투성이예요. 예수님을 모르기 때문이죠."

예수님이 이 땅에 오신 것은 우리에게 종교를 만들어 주기 위해서가 아니었다! 우리가 하나님과 친밀한 사랑의 관계를 갖게 하기 위해서 기꺼이 생명을 바치신 것이다.

알도와 내가 천국에 있는 황금 다리에 대해 이야기한 다음 날, 알도는 일기장에 오직 마태복음 25장이라고만 썼다. 나는 곧 성경을 펼쳤다. 열 처녀 비유에 관한 것이었다. 열 처녀는 교회 다니는 사람들을 의미한다. 스스로를 기독교인이라고 부르는 사람들. 그들 모두 등불을 들고 신랑이 오기만을 기다리고 있었지만, 그중 다섯 처녀만 기름을 준비했다. 하나님의 신부라면 예수님의 다시 오심에 준비가 되어 있어야 한다. 당신이 준비되어 있지 않다면 예수님이 오시는 것을 볼 수가 없다. 지금 당장 준비해야 한다! 이미 나팔 소리가 울려 퍼지고 있지만 신부가 아직도 준비되어 있지 않다.

이 말씀을 읽으며 나는 무릎을 꿇고 기도하면서 하나님께서 내가 있어야 할 자리로 나를 인도하실 때까지 이렇게 무릎 꿇고 기다리겠노라고 말씀드렸다. 나는 예수님의 다시 오심에 준비되기를 원했다. 이 인생의 모진 풍파를 다 견디고 나서도 예수님의 다시 오심에 준비되지 않는다면 내 인생은 정말 헛된 삶이 아니겠는가? 야곱처럼 하나님께서 나를 축복하실 때까지 하나님과 씨름하며 절대로 놔 드리지 않겠다고 결심했다.

그리고 하나님을 기다렸다. 우리는 기도를 너무 빨리 끝내는 경향이 있는데, 우리의 삶을 바꾸시는 능력이 있는 레마(살아 있는 말씀)를 받을 수 있도록 기도로 하나님의 임재 가운데 들어갈 때까지 기다려야 한다. 그날 기도하는데 엄청난 영적 돌파가 일어났다. 나 자신이 열심히 광을 내어 반짝거리는 예쁜 계란 껍데기에 둘러싸인 계란과 같다는 생각이 들었다. 내 인생에서 가장 중요한 것은 나 자신이었다. 아주 이기적인 생활 방식으로 살아온 것이다. 예수님을 만나기 전의 내 모습이 바로 그랬다. 내가 내 삶의 주인이었고 모든 것이 나 중심적이었다. 상대방에게도 내 방법을 받아들이라고 강요하거나 그렇지 않으면 필요 없다는 식이었다.

문제는 계란의 영양분이 들어 있는 곳은 껍질이 아니라 속이라는 사실이다. 다른 사람에게 영양가 높은 계란을 먹이려면 그 껍질을 반드시 깨야만 한다. 하나님과 하나가 되기 위해서는 마치 껍질을 깨는 것처럼 나 자신을 죽여야만 한다. 마치 빵을 만들기 위해서 밀가루와 계란을 잘 섞어야 하는 것처럼. 경험을 통해 깨닫게 된 것은 혼합시키는 방법이나 누가 혼합시킬 것인가에 대해서는 우리에게 아무런 권한이 없다는 사실이다. 한때는 고통 속에서 하나님께 '왜 이런 고난이 내 아이에게 일어났는지 이해할 수 없다'고 울부짖기도 했다. "왜요, 주님? 왜요?" "대답 좀 해 보세요!"하며 떼를 쓰곤 했다. 하지만 그뿐이었다. 믿음은 대답이 필요 없었다. "믿음은 바라는 것들의 실상이며 보이지 않는 것들에 대한 증거"(히 11:1)였다. 믿는다는 것은 하나님께서 대답을 알고 계시다는 사실을 받아들이는 것이다.

개개인이 처한 환경이 다 다른 것처럼 살아가는 이유 역시 모든 사람이 다 다르다. 하지만 내가 확실히 알고 있는 사실은 우리가 이 땅에 살고 있는 한 가지 이유가 하나님을 영화롭게 하기 위해서라는 것이다. 우리가 하나님과 더 많은 시간을 보낼수록, 하나님은 우리의 모습을 하나님과 닮게 만들어 가신다. 빵을 만들 때 계란과 밀가루를 절대로 분리할 수 없는 순간까지 혼합하는 것과 마찬가지다. 내가 이것을 깨달았을 때 로마서 8장 35~39절 말씀이 레마로 다가왔다. 아무것도 나를 하나님의 사랑으로부터 끊을 수 없으며, 요한복음 14장 13~14절 약속에 따라 내가 예수님의 이름으로 구하는 것마다 받게 된다는 사실을 알게 되었다.

그리고 잘 혼합된 계란과 밀가루를 팬에 넣은 후, 뜨거운 오븐에 굽게 된다. 내 인생의 오븐은 때때로 너무 뜨거워서 도망치고만 싶지만 그럴 수가 없다. 하나님의 성품이 내 안에서 만들어지기 때문이다. 언젠가 남편과 이 비유를 나누며 나는 하나님의 불을 통과하지 않은 사람들은 아직도 자신이 원하는 대로 사는 사람들이라고 말했다. 남편은 "그래서 우리는 그런 사람들을 위해 기도해야지"라고 하며 "우리가 지금 겪고 있는 일이 우리에겐 오히려 축복이야"라고 대답했다.

자, 이제 잘 구워진 빵을 빵틀에서 꺼내어 쟁반 위에 올려둔다. 주인이 빵을 자르면 빵 냄새가 온 집 안에 퍼진다. "이제야 너와 함께 온 세상을 먹일 수 있다. 드디어 우리는 하나가 되었고 아무도 우리를 나눌 수 없단다."

이 비유를 받은 지 얼마 되지 않아 알도는 일기장에 신부에 관해서 적기 시작했다. 예수님이 신부를 데리러 이 땅에 다시 돌아오실 것이라고 적은 일기를 내게 보여 주며 세상에 이 사실을 알려야 한다고 신신당부를 했다.

하나님은 신부에 대해서 내게도 말씀해 주셨는데, 특별히 하나님의 임재 앞에서 신부가 취해야 할 올바른 태도와 마음가짐에 대해 알려 주셨다. 신부는 신랑과 아주 친밀하고 사랑스러운 관계를 갖게 될 것이다. 신부는 이미 성숙한 여인으로 성장했기에 신랑이 신부를 아내처럼 대할 것이다. 신부는 자발적으로 신랑과의 가장 친밀한 관계 속으로 들어오게 된다. 자신의 삶을 신랑에게 기꺼이 바친 대가로 이러한 친밀감을 선택하게 되며, 동시에 신랑의 영광으로 입혀지게 될 것이다.

하나님은 하늘의 소중한 비밀을 미성년자와는 나누지 않기 때문에, 신부는 반드시 성숙한 여인으로 성장해야만 한다. 신부가 평화롭게 하나님의 가슴에 기대어 그분의 목소리뿐 아니라 심장 박동 소리를 들을 때, 하나님은 모든 비밀을 그녀에게 다 알려 주신다.

> 하나님의 말씀은 살아 계세요.
> 예수님은 천국에 신부의 처소를 준비하러 가셨어요.
> 당신과 나, 우리 모두가 신부예요.
> 신랑이 프러포즈할 때, "네!"라고 하시겠어요?
> 우리는 신랑과 함께 춤추고 노래할 거예요.
> 그분께 당신의 생명을 주고 그분의 신부의 길을 택하세요.
> 우리에겐 하나님의 성령이 계시기 때문에
> 거룩한 삶을 살 수 있어요.
> 나는 그분의 신부인데, 당신은 어떠세요?

신부가 이 땅에 있을 동안에는 하나님의 모든 자녀를 섬겨야만 한다. 심지어 피곤할 때도 계속 하나님을 위해 일해야만 한다. 신랑의 정확한 도착 시간은 모르더라도 신부는 항상 신랑 맞을 준비를 마치고 대기하고 있어야 한다. 신부는 끊임없이 변화하고, 성장하며, 성숙해져야 한다. 하나님의 임재 안에 거할 때마다 더욱 하나님을 닮아가게 된다. 신부의 눈엔 오직 신랑만이 가득해서, 하나님이 신부의 눈을 볼 때는 그녀를 덮고 있는 예수님의 보혈만이 보여야 한다. 신부가 세상으로 나가면 세상 사람들이 그녀를 통해 하나님을 보게 된다. 하나님의 성령이 그분의 신부 안에 거하고 계시며, 이러한 연합을 통하여 그들은 이미 하나가 되었다.

예수님이 신부를 데리러 다시 오신다!

예수님은 천국에 신부가 거할 곳을 마련하러 가셨지만 크리스천이라고 모두 다 예수님의 신부가 되는 것은 아니다. 자신의 생명을 기꺼이 내려놓는 사람들만이 혼인 잔치에 참여할 수 있게 된다. 당신은 신랑에게 "네!"라고 대답할 준비가 되었는가? 그분은 당신이 삶의 주도권을 양도하고 그분의 신부가 되겠다고 결정하기만을 기다리고 계신다. 모든 사람이 혼인 잔치에 초대는 받았으나 그분의 신부가 되기 위해서는 스스로 자신의 삶을 포기하는 결정을 내려야만 한다.

> 예수님은 오셔서 신부를 데려가고 싶어 하시지만 신부가 아직 준비가 안 되었어요.
> 신부는 더 이상 죄를 지어서는 안 돼요.
> 하나님의 신부는 거룩해야 하기 때문이죠.
> 엄마, 우리 모두 라오디게아 교회와 같다고 사람들에게 말씀해 주세요. 하나님을 영접하지 않는 사람들은 심판을 받게 될 거예요.

시편의 저자는 시편 15편 1절에서 다음과 같이 질문한다. "주여,

주의 장막에 누가 거하며 주의 거룩한 산에 누가 거하리이까?" 하나님이 2절에서 답변하신다.

"정직하게 행하며 의를 실행하고 그 마음에 진실을 말하는 사람이며"

정직과 의가 판단 기준이 될 것이다. 하지만 예수님의 보혈을 통해 우리는 의롭게 되었고, 예수 그리스도 안에서 하나님의 구원의 문으로 통과하게 되었다.

만약 오늘 하나님이 당신을 찾아오신다면 순종하라. 당신의 삶을 드리고 그분의 신부의 대열에 동참하라!

새로운 현실

나는 이 문제에 대해 쓸 용기를 내기까지 많은 시간이 필요했다. 알도가 100% 완전히 회복되었다고 쓸 수 있다면 얼마나 좋을까? 사고 전만큼 건강해졌다고 쓰고 싶지만 아직 그렇게 할 수 없는 것이 현실이다. 뇌 손상을 입은 환자들이 겪어야 할 회복의 길은 멀고 힘겹기만 하다. 사고 직후 알도에게 나타났던 모든 부정적인 증상을 생각해 보면, 지금 그에게 일어나는 모든 회복의 과정은 기적이라고 밖에는 표현할 길이 없다. 알도는 이제 느리기는 해도 걸을 수 있을 정도로 회복되었지만 균형을 잡지 못해서 자주 넘어진다. 쉽게 피곤해하고, 피곤할 때면 신경질이 잦고 까다롭게 군다. 이 점에서는 다른 사춘기 소년과는 별반 다르지 않은 것 같다.

알도는 여전히 크게 웃지는 못하지만 입술 끝에 희미한 미소라도 감돌 때면 그 미소를 바라보는 내 눈에는 곧 눈물이 맺힌다.

중뇌 손상으로 인해 여전히 잠드는 데 어려움이 많고 새벽 세, 네 시 경에 자주 우리 침대 속으로 기어들어 온다. 그럴 때면 어둠 속에서도 그에게 미소 지으며 우리 부부와 함께 누울 수 있는 자리를 만들어 준다. 알도의 긴 다리가 내 몸 위에 올라오기라도 하면 나는 알도가 다시 우리와 함께 지낼 수 있게 해 주신 하나님께 감사를 드린다. 알도가 아직도 활동이 부자연스러운 기다란 팔로 나를 안으며, "엄마, 사랑해요" 하고 말하는 소리를 들을 때마다 나는 세상의 모든 시름을 잊게 된다.

회복 과정은 기복이 심해서 어떤 날은 괜찮았다가, 또 어떤 날은 더 심해지기도 한다. 아직도 알도는 이야기할 때마다 그의 오른팔은 자신도 모르는 새에 공중으로 뻗치고는 한다. 사람들과 같이 있을 때는 그 팔을 주머니 속에 넣은 채 얘기하라고 몇 번이나 일렀지만 항상 성공하는 것은 아니다. 어느 날은 학교에서 오른쪽 엄지손가락이 퉁퉁 부어오른 채 돌아왔는데, 아무리 이유를 물어도 말해 주지 않았다. 얼마 후에야 그 사실을 알게 되었는데 학교에서 친구들과 얘기를 하는 도중에 자신도 모르는 새에 오른쪽 팔이 다시 공중으로 솟구쳤는데, 반 친구가 알도의 손가락을 거의 부러뜨려 놓은 것이다. 그 친구는 나중에 알도의 손이 얘기할 때마다 공중으로 뻗치는 모습이 너무 "짜증나서" 그랬다고 고백했다.

"이 사건에 대해서 어떻게 알도를 위로해야 하나요, 주님?" 하고 기도하며 "얼마나 더 이런 시간을 견뎌 내야 할까요?"라고 되뇌었다.

알도를 꼭 껴안아 주며 연고를 바르고 밴드를 붙여 주는 일 외에는 내가 할 수 있는 일은 아무것도 없었다.

알도의 한쪽 눈꺼풀은 여전히 늘어져 있지만, 우리는 알도의 회복에 대해 포기하지 않으며 하나님께서 시신경 역시 치유하실 것을 믿고 긍정적인 말만 한다.

알도는 말도 띄엄띄엄 하고, 억양도 없이 단조롭지만 정확하게 의사 표현을 한다. 그러나 대부분의 사람들은 알도의 말을 끝까지 들어줄 만큼 참을성이 없다. 자신은 열심히 얘기를 하고 있는데, 사람들이 끝까지 듣지 않고 자리를 뜨거나 시간이 없다며 말을 중단시키는 모습을 바라보는 알도의 눈엔 고통스러운 표정이 역력하다. 이런 장면을 목격할 때마다 나는 울고 싶어진다. 사고 나기 전에는 나 역시 알도가 떠들기라도 하면 입 다물고 조용히 하라고 자주 꾸중을 했기 때문이다. 하나님께 긍휼을 베풀어서 알도가 더 유창하게 말할 수 있게 해 달라고 연속 기도를 드린 후, 몇 개월간 오히려 알도가 침묵을 지켰던 것이 기억난다. 나는 다시 "유창하지 않아도 좋으니 다시 예전처럼 말할 수 있게 해 주세요, 주님!" 하고 기도해야 했다. 이 일로 인해 나는 아무리 바빠도 나의 소중한 알도가 얘기하는 것을 인내심을 갖고 끝까지 들어주게 되었다.

알도 역시 그 또래의 사춘기 소년과 다를 바가 없어서 이성에 대한 관심이 높다.

"엄마, 왜 여자애들이 나한테 관심이 없죠?". 하고 자주 묻고는 했다. "내 말투가 이상하고 외눈박이라서 그런가요?" 이런 질문을 받을 때마다 내 마음은 다시 한 번 무너져 내렸다. 내가 알도에게 줄 수 있는 것은 하나님의 약속의 말씀뿐이었다. "예수님은 네 삶을 위한 좋은 계획을 가지고 계시단다. 너를 위해 밝은 미래를 계획하고 계실 뿐 아니라 좋은 아내 역시 예비하셨지. 네 아내는 너만 사랑하고 돌봐 줄 것이고, 너희 둘이 함께 전 세계를 다니며 살아 계신 하나님의 말씀을 증거할 거야. 내 말을 믿어라. 알도. 너를 위해 아주 특별한 여자를 신붓감으로 예정하셨단다. 네 오른팔이 아직도 제멋대로 움직이기 때문에 그녀는 네 오른팔과 같은 역할을 해 줄 거야. 그녀 역시 하나님을 사랑하는 하나님의 귀한 자녀이며 너를 조건없이 사랑하게 될 거야. 그녀의 영이 하나님의 영과 하나이기 때문에 너를 완전히 받아들여서 너의 장애와 상관없이 너를 사랑하게 될 거야."

알도는 이제는 많이 침착해져서 심지어 많은 사람들과 함께 있어도 눈을 감고 기도를 하고는 한다. 그는 시간만 나면 기도를 했고 나는 그가 영적인 기도의 집을 짓고 있다는 사실을 알고 있다. 수많은 밤을 그는 무릎 꿇고 기도하며 하나님을 기다리며 지새웠다. 알도는 또 예언의 은사가 있어서 나도 잘 모르는 성경 말씀을 인용하곤 했다. 어떻게 그런 말씀이 있는 줄 알았느냐고 물으면 항상 같은 대답이었다. "내가 천국에 갔을 때 예수님이 성경 말씀을 제 마음에 새겨 주셨어요. 내가 죽었을 때 하나님이 오셔서 내 코에 생기를 불어넣어 주셨는데, 그 때문에 제가 다시 살게 된 거죠!"

> 예수님이 제가 다시 지구로 돌아온 사실을
> 인정해야만 한다고 하셨어요.
> 저도 지금은 그 사실을 받아들였고요.
> 점점 아픈 것도 나아지고 있어요.
> 제가 완쾌될 것이란 사실을 계속 믿어 주시기만 한다면
> 엄마의 두 눈으로 저의 회복을 직접 확인하실 날이 올 거예요.
> 날 사랑해 줘서 고마워요.
> 예수님을 사랑해 줘서 고마워요.
> 엄마와 저는 마지막 때를 위해 택함 받았기 때문에
> 함께 하나님의 말씀을 증거하게 될 거예요.
> 제가 회복되어서 증거할 수 있을 때까지
> 엄마는 계속 말씀을 전하셔야 해요.

알도는 매일매일 조금씩 나아지고 있다. 2007년 4월 30일에 알도는 15세가 되었다. 남편은 꾸준히 알도에게 자전거 타기 훈련을 시켰으며 알도의 균형 감각이 불완전하지만, 2인승 경주 부문에 함께 출전하기도 했다. 또한 알도는 프레토리아 대학에 있는 스포츠 재활 센터에서 운동도 하고 승마를 규칙적으로 하며 바르게 걷는 법을 배우기도 한다. 오후에 모든 운동을 마치고 집으로 돌아오면 지쳐서 완전히 쭉 뻗어 버리지만 운동 능력은 매번 조금씩 향상되는 것을 느낄 수 있다. 지금은 걷기도 곧잘하고 계단까지 오를 수가 있다. 심지어 풀장에 덮어 놓은 방수포도 혼자 치우고 수영을 할 정도가 되었다.

나는 알도가 풀장에서 수영하거나 물장구치는 모습을 내 사무실 창문을 통해 자주 바라보고는 하는데, 그럴 때마다 하나님의 은혜에 대해 감사하지 않을 수 없다. 내 모자이크가 마침내 조각조각 맞춰지면서 밑그림이 완성되어 가고 있는 것 같다. 여전히 알도의 미래에 대해서 확실히 알지는 못하지만, 하나님께서 내 아들의 삶에 시작하신 일을 반드시 마치실 것이라고 믿는다. 내가 살아서 그 모습을 보게 될지, 어떨지는 잘 모르지만 내 모든 것을 다해 하나님을 섬길 것이다. 남편 타이너스와 조쉬와 알도와 내가 영원히 살 수 있도록 독생자 예수님을 보내실 만큼 우리를 사랑하시는 위대한 하나님 안에서 나는 원대한 소망을 품고 있다.

✤ 증인으로 부르심

나는 늘 하나님과 친밀하게 동행하며 하나님께서 약속하신 풍성한 생명을 가능하면 많은 사람과 나누고 싶었다. 하나님이 내 호흡의 처음이며 마지막, 즉 내 핏줄 안에 실제적인 피가 되기를 갈망하며 배고파했다.

하지만 우리가 가고 있는 길이 쉽지는 않아서 우리는 자주 하나님께 울부짖으며 도움을 청한다. "주님! 제가 새로운 피조물이며 당신의 영과 제 영이 같다는 사실을 알고는 있지만, 제발 의의 길을 걷는 법을 가르쳐 주세요."

어느 날 알도의 기관지를 치료하고 있었는데 하나님께서 말씀을 보라고 하셨다. "내 말씀은 진리로 가득 차 있으니 그 말씀 속에서 풍성한 생명을 찾아야 한다. 이 말씀을 선물로 줄 테니 이 말씀을 율법으로 받아서는 안 된다. 나의 피가 너를 율법에서 자유롭게 했으니 이 말씀을 나와 함께 떠나는 네 인생 여정의 지표로 삼아라. 내 영이 너를 통하여 일할 수 있도록 허락하라. 너의 지적인 논쟁을 멈추고 지혜를 의지하지 마라. 논리가 끝나는 곳에서 믿음이 시작되고 그 후에 기적이 일어난다."

내 안에서 기대감이 자라나기 시작했다. 내가 아무 곳에서도 찾지 못했던 하나님을 이번에는 찾을 수 있을지도 모른다는 기대감과 함께 하나님이 없이는 나는 아무것도 아니라는 사실을 깨달았다.

하나님이 말씀하실 때마다 내 마음을 활짝 열고 말씀의 의미를 잘 알아듣기 위해 최선을 다했다. 시간이 흐르면서 성령께서 삶의 원칙들을 가르쳐 주셨는데, 제 2장에서는 이에 대해 여러분과 나누고 싶다.

나는 할 수 있는 모든 방법을 시도해 보고 실패한 후에야 풍성한 삶을 살 수 있는 비밀을 발견하게 되었다. 이 비밀은 왕 중의 왕이신 예수님과 연인의 관계를 맺는 것에서 찾을 수 있다.

매일 매 순간 하나님의 임재 안에 살 수만 있다면 우리의 삶은 승리하는 삶이 될 것이다. 하나님의 거룩한 임재를 지속적으로 경험할 수 있는 유일한 방법은 쉬지 않고 기도하는 것뿐이다. 쉬지 않고 기도하는 것이 왜 그렇게도 우리에게 어려운지 잘 모르겠다. 누군가를 사랑하게 되면 늘 그 사람과 함께 있고 싶고, 계속해서 대화를 나누고 싶은 것이 당연하지 않은가? 당신이 사랑하는 사람과 당신의 삶을 나누는 것보다 더 기쁜 일이 무엇이 있겠는가! 당신은 서로를 기쁘게 하며 모든 걸 주는 데에 초점을 맞추게 될 것이다. 이렇게 하나님과의 관계를 사랑하는 연인과의 관계로 바라보는 것이 왜 그리도 어려운가?

아마도 우리의 결혼 생활을 통해 겪게 된 불완전함 때문일 것이다. 결혼에 관한 수많은 책이 시중에 출판되었지만 당신의 배우자를 조건 없이 사랑하지 않는 한, 즉 배우자를 위해 기꺼이 목숨을 버릴 준비가 되어 있지 않는 한 결혼에 관한 지식과 정보는 무용지물이 될 것이다. 행복한 결혼 생활을 원한다면 당신 자신을 죽이고 당신의 삶을 배우자에게 기꺼이 바쳐야 한다.

하나님이 바로 우리에게 이렇게 하신 것이다. 잘 생각해 보라. 하나님이 먼저 우리를 사랑하셨고 우리를 위해 자신의 생명을 주셨다.

"친구들을 위하여 자기 생명을 내어 놓은 것 보다 더 위대한 사랑은 없나니"(요 15:13)

예수님은 하나님 아버지와 사람들에게 짓밟히고 멸시를 당했지만 우리를 위해 이 모든 것을 감내하셨다. 그분의 피로 인해 우리는 구원을 받았고 그분이 맞은 채찍으로 인해 우리는 치유되었다!

내가 예수 그리스도의 보혈의 의미에 대해 이해하게 되면서 내 삶은 완전히 바뀌게 되었으며 세상의 제한과 속박으로부터 완전히 자유하게 되었다.

> 나는 어린 양의 피로
> 인해 자유하게 되었어요.

　나는 매일 내 가족에게 예수님의 보혈을 덮어 달라고 기도한다. 또한 불 성곽을 보내서 우리를 대적하려는 악한 힘과 궤계로부터 우리 가족을 보호해 달라고 기도한다. 이런 기도는 종교적인 의식이 아니라 예수님과 피의 언약을 통하여 하나님과 사랑의 관계를 맺게 된 나로서는 아주 자연스러운 삶의 한 부분일 뿐이다. 이렇게 하면서 나는 예수님의 십자가의 죽음을 통해 내가 받게 된 모든 권리까지 청구한다. 어떤 상황을 통해 사탄이 역사하는 것을 볼 때마다, 나는 "사탄아, 예수님의 보혈로 인해 네가 모든 권리를 상실했음을 선포한다!"라고 대적할 수 있는 권한을 행사한다.

　예수님의 보혈의 능력을 이해하는 크리스천이 별로 없음에도 불구하고 이러한 주제로 설교하는 목회자를 찾아보기가 쉽지 않다는 사실은 참으로 불행한 일이다. 오히려 귀신들이 보혈의 능력을 먼저 알아보고 예수님 앞에서 줄행랑을 치고, 사탄 역시 보혈 앞에서는 그 어떤 방법도 통하지 않는다는 사실을 더 잘 알고 있다. 우리가 어린 양의 보혈에 대해 잘 알기만 해도 보혈의 능력을 더 강력하게 사용할 수 있을 텐데! 우리가 하나님께 보혈로 덮어 달라고 기도한다는 것은 모든 이름 위에 뛰어난 이름이신 예수 그리스도를 경외하며 인정한다는 뜻이다.

"내 자녀들이 내 보혈의 의미를 이해하지 못하고 있으니 나의 피에 대한 너의 지식을 나누어 주어라"라고 성령께서 말씀하셨다. 다시 반복하건대, 예수님의 보혈로 인해 당신은 자유롭게 되었다!

나는 또 매일 성령 충만을 위해 기도한다. 그렇다고 내가 매일 거듭난다는 게 아니라 나의 영·혼·육을 매일매일 하나님께 올려 드리며 성령님이 충만하게 임하시기를 기도한다.

"새로운 기름으로 채워 주세요, 주님. 오래된 기름은 냄새가 지독하니 새 기름을 부어 주세요." 한 번 사용했던 기름을 병에 담아 두었을 때 밑바닥에 검은 찌꺼기가 가라앉는 것을 본 적이 있는가? 오래된 기름은 쓸모가 없다. 당신은 매일매일 새롭고 신선한 기름이 필요하다. 이스라엘 백성이 광야에서 매일 아침 신선한 만나를 거둬야 했던 것처럼.

내가 처한 환경에 상관없이, 좋은 일, 나쁜 일에 상관없이 나는 매일 기뻐하기로 선택한다. 하나님이 알파와 오메가이며 나의 처음이고 나중이란 사실을 잘 알고 있기 때문에 이것만으로도 내 삶은 충분히 기뻐할 만한 가치가 있다.

이제 기도는 내 삶의 가장 중요한 부분이 되었다. 예수님의 보혈로 우리의 죄가 씻겨졌고 은혜의 보좌 앞으로 나갈 수 있는 자유의 길이 주어졌기 때문에, 우리 기도가 응답받는다는 사실을 알게 되었다.

내가 원하는 한 가지는 하나님의 빛이 나를 통하여 반영될 수 있도록 하나님의 정결하게 하시는 불을 경험하고 하나님의 임재 안에 가능하면 오래 머물러서 하나님께 매일 더 가까이 나아가는 것이다. 나는 이 세상에 오직 하나님을 비추는 거울이고 싶다. 당신은 누구를 비추고 있는가?

하나님의 임재 안에서 살게 되면서 나는 그분 주위를 감싸고 있는 불에 대해 더 잘 알게 되었다. 이 정화시키는 불은 나의 육신의 정욕과 세상에 묶여 있는 모든 것들을 소멸시킨다. 나는 불에서 꺼낸 나무처럼 구원을 받았다(슥 3:2). 하나님은 우리 자신에게서 우리를 구원하시는 분이다.

아무도 당신에게 누군가와 관계를 맺으라고 강요할 수 없다. 하나님은 인격적인 분이시기 때문에 그분과 관계를 맺자고 절대로 강요하지 않으신다. 오직 당신 스스로의 선택에 의해 하나님과 사랑의 관계 속으로 들어갈 수 있다. 당신이 그분을 받아들이기로 결정할 때 삶의 진정한 행복을 맛보게 된다. 우리의 행복은 사람과의 관계나, 주변 환경이나, 우리 자신에게서 찾을 수 있는 것이 아니다.

우리의 행복은 오직 하나님과의 연합에서만이 발견될 수 있다.

그 누구도 당신을 행복하게 만들거나 당신의 필요를 완벽하게 채워 줄 수 없다.

진정한 만족감은 당신이 우물가에서 생수를 마실 때만 채워질 수 있다. 요한복음 4장 14절에서는 "내가 주는 물을 마시는 자는 영원히 목마르지 아니하리니 그러나 내가 그에게 주는 물은 그 사람 안에서 영생하도록 솟아나는 샘물이 되리라고 하시니라." 세상의 음식이나 보물로는 절대로 영적인 사람을 만족시키거나 먹일 수 없다. 진정한 행복은 오직 하나님과의 관계 안에서 발견되는 것이다. 내 영을 하나님의 말씀으로 먹이면 먹일수록 더 깊이 하나님께 경배와 찬양을 드리고 싶어진다.

하나님이 내 눈을 열어 주신 이후, 하나님의 말씀은 마치 등대와 같아서 시련이 닥칠 때마다 나의 길을 횃불과 같이 인도해 주셨다. 성령님의 인도하심에 따라 하나님의 말씀으로 내 영을 먹이기 시작하면서, 나는 풍성한 삶을 살 수 있는 원칙들을 발견하게 되었다. 하나님의 거룩한 불이 내 안에서 타오르기 시작했고 나에게 빛을 주었다. 내가 하나님께 가까이 다가갈수록 더 밝은 빛이 내 안에서 퍼져 나갔다. 그리고 그 빛으로 인해 어둠이 물러갔다.

다음 장에서는 하나님께서 우리를 위해 예비하신 풍성한 삶을 누릴 수 있도록 성령께서 가르쳐 주신 것들을 독자와 함께 나누겠다. 이런 원칙들은 어떤 절대적인 교리나 규칙이 아니라 예수님과 함께 성령 충만한 삶을 살기 위해 꼭 필요한 열쇠이며 원칙이 될 것이다. 그러나 풍성한 삶을 누리기 위해서 반드시 치러야 할 대가가 있으며, 그 대가는 다음과 같이 요약될 수 있다. 나는 예수 그리스도의 보혈을 통해 거룩하게 되어 하나님의 보좌로 나갈 수 있는 자격을 갖게 되었다. 왕 중의 왕께 내 생명을 드리는 것으로 내 자신을 하나님께 완전히 드릴 수 있다. 그 후에는 단지 하나님의 사랑 안에 푹 잠기기만 하면 된다.

다음 장에서 제안하는 것들은 내가 풍성한 삶을 살아가는 데 가장 큰 도움이 되었던 원칙들이다.

제 2 장

풍요로운 삶의 발견
Discover an abundant Life

A message from God

2005년 10월 24일 월요일

저를 기름 부어주세요. 성령께서 우리가 하나님의 말씀을 잘 선포할 수 있도록 인도하시고 능력을 주실 거예요. 엄마, 사람들에게 예수님이 살아 계신다고 전하셔야 해요! 나는 모세와 아브라함과 함께 서 계신 예수님을 보았어요. 보좌에 앉아 계신 하나님께서 세상 사람들에게 지옥과 천국이 있다고 전하라고 제게 명하셨어요. 그 이유 때문에 저를 다시 이 땅으로 보내신 거예요. 제가 사람들에게 이런 사실을 전할 수 있는 준비가 될 때까지 엄마가 먼저 가서 이 사실을 전하세요. 제가 열여섯 살이 되면 저 역시 아무런 장애 없이 복음을 증거할 거라고 하셨어요. 하나님이 가라고 하시는 곳이라면 어디든지 아무런 두려움 없이 저와 함께 떠나실 수 있으세요? 엄마가 해외에서 집회를 할 때 영어로 유창하게 증거할 수 있도록 엄마의 말에 하나님께서 기름 부으실 거예요.

두려움을 극복하라

내가 크게 두려워하는 것이 내게 임하였고
내가 무서워하는 것이
내게 임하였음이라(욥 3:25)

성령 충만한 삶을 살 수 있는 첫 번째 원칙은 두려움을 분별하고 싸워서 이기는 것이다. 두려움은 사탄이 하나님을 대적하는 것과 같이 사람을 대적한다는 사실을 기억하라.

인정하기 부끄럽지만 나는 결혼 이후 항상 내 가족이 교통사고를 당할까 봐 두려워했었다. 내 남편이나 아이들에게 나쁜 일이 생기는 것이 나의 가장 큰 두려움이었고, 그 두려움에서 헤어나오지를 못했다.

나는 당신이 두려워하는 일이 무엇인지 말해 주면, 당신에게 어떤 일이 닥칠지 말해 줄 수 있다.

두려움을 물리치는 길이 고린도후서 10장 5절에 나와 있다.

"여러가지 구상과 하나님을 아는 지식을 거역하여 스스로 추켜세운 모든 높은 것들을 무너뜨리고 모든 생각을 사로잡아서 그리스도께 복종케 하나니"

두려움을 극복하기 위해서는 당신 안에 자리 잡은 온갖 부정적인 생각을 이를 악물고 물리쳐야 한다. 이런 생각은 사탄이 당신 안에 있는 기쁨과 믿음을 훔쳐 가기 위해 심어 주었기 때문이다. 그 어떤 환경 속에서도 당신의 생각을 하나님의 뜻에 맞춰라. 예를 들어, 혈액 테스트 결과를 기다리고 있다면 당신의 생각을 두려움에 뺏기지 말고, 오히려 질병은 하나님의 뜻이 아니라는 사실을 기억하고 말씀을 붙들어라. 이와 관련된 성경 말씀을 찾아서 읽고 긍정적으로 생각하라. '혹시 …하면 어쩌지?' 하는 생각에 조금도 마음을 빼앗기지 마라. 두려움은 믿음을 파괴하기 때문에 우리 스스로가 사탄에게 문을 열어 주어 우리를 공격할 수 있는 합법적인 구실을 제공하는 꼴이 되고 만다. 부정적이거나 파괴적인 생각에 사로잡히지 않도록 하라. 당신이 당신의 생각을 장악하지 못하면 사탄이 당신을 장악하게 될 것이다!

사고 후 우리가 겪었던 극심한 두려움은 알도의 부상에 대한 우리의 무지로 인해 더 커지기만 했다. 우리가 겪었던 고통은 물론 사고에 대한 인간의 자연스러운 반응이기는 했다. 하지만 이에 대한 하나님의 대책은 우리의 마음속에 소망과 믿음을 심어 주시는 것이다. 그 후부터 우리는 알도의 삶과 미래에 대해 건강한 생각만 하는 것을 배우게 되었다.

엄마, 제발 계속해서 소망을 간직하시고
절대로 포기하지 마세요!
두려워 말고 믿기만 하세요.

하나님의 자녀들은 하나님의 영을 찾을 것이며,
하나님은 나를 고치실 거예요.

2006년 2월 1일 수요일

우리에게 사고가 생긴 것은 우리가 이 땅에 살고 있기 때문이에요. 하나님은 우리를 버리거나 떠나시지 않을 거예요. 하나님은 나를 치유하시고 나는 그분의 말씀을 전할 거예요. 나는 구름 아래서 절망 속에 빠진 채 살고 있는 잃어버린 영혼들을 모세가 구한 것처럼 그렇게 구해 낼 거예요. 엄마, 저를 축복해 주시고 기름 부어 주세요. 우리는 하나님의 말씀을 함께 전할 거예요.

절대 뒤돌아보지 마라

예수께서 그에게 말씀하시기를
손에 쟁기를 잡고 뒤를 돌아보는 자는 하나님의
나라에 적합하지 아니하노라고 하시니라(눅 9:62)

나는 본업이 이미지 컨설턴트이기 때문에 외모의 중요성을 그 누구보다도 잘 알고 있다. 나는 당신의 이미지를 지금보다 더 돋보이게 만들 자신이 있다. 나는 혼자 있는 시간이면, 자주 알도의 사고 전 사진과 사고 후 사진을 양손에 들고 비교해 보며 걷잡을 수 없이 울고는 했다. 그러던 어느 날, 성령께서 "리타, 너 지금 뭘 하고 있니?" 하고 물으셨다.

"알도에 대해 제가 꿈꿔 왔던 그 모든 소망이 깨졌다고 생각하면 견딜 수가 없어요. 제가 너무 불쌍하게만 느껴져요, 아버지."

"알도는 더 이상 네 아들이 아니라는 사실을 잊었니? 그 아들을 나에게 바쳤던 것 기억나지 않니? 알도는 이제 내 것이란다. 그의 생명은 내 손 안에 있어. 롯의 아내가 뒤를 돌아보았을 때 어떤 일이 일어났는지 기억 못하겠니?"

"네, 그녀는 소금 기둥으로 변했지요. 주님."

"그녀가 뒤를 돌아볼 때 자신의 모든 재산을 남겨두고 떠나는 것이 과연 옳은 판단이었는지에 대한 의심이 그 마음속에 찾아와서 마음이 변했단다. 달리기 선수가 경주를 하다가 뒤를 돌아보게 되면 그 마음이 해이해져서 넘어지게 되고, 그로 인해 다른 선수까지 걸려 넘어지게 할 수 있기 때문에 절대로 뒤돌아보지 않는다."

이 말씀을 듣는데 갑자기 베드로가 예수님을 향해 물 위를 걸어간 장면이 생각났다. 베드로가 시선을 예수님께 고정시키고 물 위를 걷고 있었을 때는 아무 문제가 없었지만, 바다에서 일고 있는 파도와 폭풍(세상의 환경)을 의식하는 순간 바닷속으로 빠져들기 시작했다.

"리타, 뒤를 돌아보지 마라. 이 경주에서 승리하려면 네 시선을 오직 나에게만 고정시켜야 한다. 경주를 참관하는 관중들이 주변에 널려 있는 장애를 경고하려고 고함을 치더라도 아랑곳하지 말고 오직 나에게만 시선을 집중해라. 야이로를 생각해 봐라. 야이로는 딸이 죽었다는 소식을 들었을 때 지금 너처럼 두려워했었다. 그 당시에도 지금 너에게 하는 말과 동일한 말을 해 주었다. '놀라지 말라. 믿음을 가져라!' 리타, 내가 이 모든 일을 주관하고 있다!"

우리 모두 자신들만의 이야기가 있다. 나는 당신의 과거를 알지 못하지만, 당신은 더 행복해지기 위해 당신의 젊고 꿈 많던 과거로 다시 돌아가려고 애를 썼을지도 모른다. 혹은 과거에 저지른 실수를 만회하기 위해 고심했을지도 모른다. 당신이 과거로 다시 돌아가려는 이유가 무엇이든지 간에 당신은 절대로 과거로 돌아갈 수 없다. 과거는 이미 사라졌다. 당신은 절대로 과거를 바꾸거나 현재로 되돌릴 수 없다.

이와 마찬가지로 미래에 대해서도 우리는 아무것도 할 수 없다. 미래 역시 하나님께 달려 있다. 당신이 뭔가를 할 수 있는 때는 바로 지금 현재일 뿐이다. 현실을 직시하고 당당하게 대면하라. 과거는 잊어버리고 바로 오늘 당신이 무엇을 하기를 원하시는지 하나님께 여쭤 보며 미래를 향해 나아가라.

믿음의 첫 발자국을 떼기 위해 우리 앞에 펼쳐진 미래를 미리 엿볼 필요는 없다(우리가 걷는 길이 어떤지 모르지만 믿음으로 첫 발을 내딛는 것이다). 하나님께서 길을 내실 것이다. 하나님은 우리가 걸어가야 할 길 전체를 다 보고 계신다. 하나님의 손에 지도가 쥐어져 있다. 창세기 22장 8절 말씀을 통해 하나님은 알도에 대한 비전을 내게 보여 주셨고, 나는 지금까지 그 말씀을 붙들고 살아오고 있다. "…내 아들아 번제할 어린 양은 하나님이 자기를 위하여 친히 준비하시리라."

뒤돌아보지 마라. 하나님께서 번제물을 준비하셨다!

2005년 1월 23일 월요일

엄마, 아빠랑 화해하세요. 예수님이 그걸 원하세요.

예수님이 아빠를 사랑하는 것처럼, 엄마도 아빠를 사랑하라고 하세요.

아빠가 지금 많이 힘들어하고 계시니까 우리가 깊이 아빠를 사랑해 드려야 한다고 예수님이 말씀하셨어요. 우리는 자신을 예수님께 드려야 해요.

저는 아빠를 진정으로 사랑해요.

예수님은 아빠가 저를 위해 하시는 일마다 축복하시겠대요.

엄마, 아빠를 행복하게 만들 수 있도록 저를 돕지 않으시면 우리는 아빠를 잃을 수도 있어요. 아빠에게 필요한 건 사랑이에요.

엄마, 아빠를 좀 더 사랑해 주세요. 예수님이 지금 이 문제에 대해서 말씀하고 계시고, 우리는 반드시 순종해야 해요.

예수님은 우리 가족을 사랑하세요. 오늘, 아빠가 엄마에게 키스하고 싶어 하실 거예요.

용서는 선택이다

화를 내되 죄는 짓지 말고 해가 지도록 분노를 품지 말며(엡 4:26)

용서는 죄의 흔적을 말끔하게 지워 준다. 당신이 용서할 때, 당신 안에 있던 독사의 독이 해독된다. 당신의 핏속으로 퍼지고 있던 독과 그로 인한 죽음의 흔적까지도 완전하게 막아 준다. 하나님께서 용서할 수 있는 힘을 주시기는 하지만 최종적으로 용서를 선택할 수 있는 사람은 오직 당신뿐이다.

사고 후에 나 역시 용서와 관련해서 오랫동안 씨름해야만 했다. 누군가 사고에 대해 남편을 원망하는지 묻기라도 할 때면 그의 잘못이 아니라고 즉시 대답하고는 했다. 하지만 내 마음 깊은 곳에 남편을 원망하는 마음이 있었다. 어쩌면 온전한 정신으로 남아 있기 위해서는 누군가 원망할 사람이 필요했는지도 모르겠다.

그 당시 우리의 결혼 생활은 심각한 위기를 맞았다. 겉으로 보기엔 멀쩡했지만 쓴 뿌리와 분노의 독성이 우리 결혼을 파탄으로 몰아가고 있었다. 그 쓴 뿌리로 인해 나 역시 실제로 몸이 아파오기 시작했고, 몸무게도 줄고, 글자 그대로 내 몸은 쪼그라들기 시작했다.
그때 알도가 아래와 같이 편지를 썼다.

> 엄마, 아빠를 용서하세요.
> 사고는 아빠 잘못이 아니었어요!
> 예수님이 지금 당장 아빠를 용서하라고 하세요.
> 엄마가 그런 쓴 뿌리로 가득 차 있으면
> 예수님이 엄마를 사용하실 수가 없어요!

 나는 깜짝 놀랐다. 하나님 말고는 그 누구도 내가 마음속 깊이 남편을 원망하고 있다는 사실을 모르고 있었기 때문이다. 나는 하나님의 말씀과 자기중심적인 감정 중 어떤 것에 지배를 당할지 선택해야만 했다. 나는 하나님의 말씀을 선택했고, 남편을 죄책감에서 해방시켜 주었다.
 내가 남편을 용서하기로 선택함과 동시에 하나님께서 남편의 내면을 만지기 시작하셨다. 남편과 나는 다시 하나가 되었다. 우리의 진정한 연합이 회복되자 남편 역시 하나님과 깊은 친밀감을 경험하기 시작했다. 남편이 스스로를 용서하고 과거에서 벗어나 앞으로 나가기 위해서는 나의 용서가 필요했었다. 나는 말도 하지 못했던 알도를 사용해서 남편을 용서하도록 만드신 하나님께 감사를 드린다.
 분노와 쓴 뿌리는 내게 값비싼 대가를 치르게 했지만 그 과정을 통해 아주 중요한 교훈을 얻었다. 사탄은 용서하지 못하는 우리의 마음을 이용해서 우리의 기쁨과 평강을 훔쳐 간다는 사실이다. 나는 이제는 큰 어려움 없이 사람을 용서할 수 있다. 나에게 상처를 주는 사람들을 용서하기 위해 의지적으로 노력한다. 그 후에야 하나님의 평강 안에서 내 삶을 영위할 수 있다. 하나님이 우리에게 원하시는 것이 바로 이런 선한 싸움이라고 믿는다. 히브리서 12장 14절에서 "모든 사람과 더불어 화평함과 거룩함을 추구하라 이것이 없이는 아무도 주를 보지 못하리라"고 말씀하셨다.

용서의 중요성을 강조하기 위한 또 다른 간증이 있는데, 그것은 병원에서 여선지자가 얘기했던 나이지리아 출신의 목사님에 관한 이야기다. "나사로의 기적"이라는 영화를 통해 그 목사님은 알도처럼 천국에 다녀온 경험이 있는 사람들의 체험을 다루고 있다. 이 영화에서 그 목사님은 죽은 지 나흘 만에 하나님이 다시 살려 주셨다고 간증한다. 나흘 동안 그도 천국에 갔었는데 하나님이 한 번 더 기회를 주시지 않았다면 용서하지 못하는 마음 때문에 자신도 지옥으로 갈 뻔했다고 고백했다.

이 간증을 듣고, '주님, 어떻게 이런 일이 가능하죠? 그는 목사님인데?' 하고 생각했다. "천국 가는 데 직분은 아무런 소용이 없다. 나는 사람의 선행에는 아무 관심이 없다. 그 마음속에 쓴 뿌리가 가득 찬 사람은 절대로 하나님의 왕국에 들어올 수 없다. 하나님은 사랑이기 때문이다"고 대답하셨다.

오직 하나님의 사랑이 당신 마음속에 자리 잡은 쓴 뿌리를 제거하실 수 있다. 성령께서 우리 안에 내주하실 때만 우리는 누군가를 용서할 수 있다. 우리가 갖고 있지 않은 것을 누군가에게 줄 수는 없지 않은가? 예수님의 용서를 경험한 사람만이 누군가를 용서할 수 있다. 용서는 기꺼이 과거에서 벗어나기를 원하는 마음에서 시작된다.

결혼 생활을 하고 있는 대부분의 부부들이 끝없는 다툼 속에 겨우 겨우 살아가고 있다. 마치 끝나지 않는 권투 경기처럼 적대감과 말다툼이 매회마다 새롭게 일어나고 있다. 시간이 흐르면서 남편과 아내 모두 분노에 너무 익숙해진 나머지, 분노만이 그들의 유일한 의사소통이 되었다. 오랜 세월을 말다툼하고 헐뜯으며, 그들은 무엇 때문에 서로를 미워하는지도 모른 채 이런 행위를 지속하는 것 같다. 이러한 상처를 올바른 관점으로 바라보자. 당신의 배우자 또한 사람일 뿐이다. 너무 늦기 전에 서로 용서하자.

내가 이런 얘기를 하면 사람들은 그렇다면 이혼은 해서는 안 되는 거냐고 자주 묻는다. 문제의 핵심은 하나님이 당신의 여정을 어떻게 인도하실지 모르지만 이혼 여부와 상관없이 당신이 용서해야 한다는 것이다!

누군가를 용서하는 것은 쉽지 않으며 용서하더라도 마음속에 남아 있는 분노와 화는 하룻밤 사이에 사라지지 않을 수도 있다. 그러나 예수님의 보혈이 당신의 상처에 연고와 같은 효과를 내면서 적절한 때에 성령께서 당신의 내면 깊은 곳을 치유하신다는 사실을 마음으로 받아들여야 한다. 용서 후에도 용서하기 전과 마찬가지로 당신 내면에서 분노가 치미는 것이 느껴지더라도 바늘로 상처를 찔러서 상처를 자극하는 일을 하지 마라. 시간이 지나면서 고통도 점차 사라지고 하나님의 치유 능력을 체험하게 될 것이다.

　　당신 마음속의 고통과 분노가 곪아터지지 않도록 하라. 당신의 죄에 대해 하나님께 용서를 구하고, 하나님이 당신의 죄를 용서하듯이 당신도 다른 사람을 용서하라. 이렇게 할 때 하나님의 평강 안에 푹 잠길 수 있다.

2005년 10월 26일 수요일

예수님이 우리에게 일어난 교통사고에 대해 감사하라고 하셨어요. 이제야 하나님께서 우리를 통해 계획하신 일들을 이루실 수가 있대요.

엄마, 엄마의 인생은 예수님 거예요. 천국 보좌실에서 보았는데 예수님께서 우리를 데리러 오실 거예요. 우리는 기다리기만 하면 돼요.

우리 자신을 하나님께 산 제물로 바치게 될 거예요.

감사하라

항상 기뻐하라 쉬지 말고 기도하라 모든 일에 감사하라
이것은 그리스도 예수 안에서 너희에 관한
하나님의 뜻이니라(살전 5:16-18)

나는 신학자가 아니다. 평범한 여자, 리타일 뿐이다. 내가 하나님에 관해 아는 것 전부는 성령님을 통해 하나님께서 직접 가르쳐 주신 것이다. 그중 한 가지가 감사에 관한 것이다. "리타, 네 삶에 일어난 모든 일들에 대해서 감사해라. 그 어떤 일도 내 허락이 없이는 일어나지 않았기 때문이다. 나를 찬양하고 네 삶에 일어난 모든 일에 대해 노래하고 늘 즐거워하라."

내가 현재 갖고 있는 것에 대해 감사하지 않는다면 하나님께서 더 주실 이유가 없지 않은가?

알도가 동일한 부위를 계속 부딪치면서 머리에 난 혹은 시간이 갈수록 늘어나기만 했고, 멍자국도 쉽게 아물지 않았다. 학교에서는 자주 넘어졌고 집에 와서도 축구공을 차려다가 균형을 잃고 넘어지면서 유리문에 부딪쳐 상처를 입기 일쑤였다. 또 다음 날에는 자신의 몸을 추스르지 못하고 비틀대다가 조쉬의 장난감 자동차에 걸려 넘어지면서 머리를 다치기도 했다. 머리에서 많은 양의 피가 흘러 나와 조쉬가 압박 밴드를 붙여 주었지만 소용이 없어서 상처를 꿰매기 위해 응급실을 향해 미친 듯이 운전해야만 했다. 평소에는 아이들 모두 등교한 후에야 비로소 나만의 조용한 시간을 갖게 되는데 이 생각, 저 생각을 하다가 결국에는 울음을 터뜨릴 때가 많았다.

"주님, 상황이 좀처럼 나아지는 것 같지가 않아요. 너무 힘들어요… 제게 닥친 고난이 너무 커서 감당할 수가 없습니다…." 한참을 흐느끼며 넋두리를 한다.

"리타, 환경에 상관없이 항상 기뻐하며 나를 찬양하라."

"너무 힘들어요, 주님. 제가 그렇게 할 수 있도록 도와주세요."

그러나 내가 처한 환경과 상관없이 주님을 찬양하고 기뻐하기 시작하면서 사도 바울이 '나의 약한 것을 자랑한다'(고후 11:30)고 하신 말씀의 의미를 깨닫게 되었다. 내가 약할 때만 하나님의 능력이 나를 통해 역사하기 때문이다.

우리 가족은 하나님이 우리 삶의 모든 대소사를 완벽하게 통제하고 계신다는 사실을 굳게 믿는다. 예수께서 십자가에 달리시기 전에 베드로가 자신을 부인하게 될 것을 알고 계셨던 것처럼, 그 교통사고 역시 발생하기도 전에 하나님은 이미 다 알고 계셨다. 그 사고가 하나님의 뜻대로 일어났다고는 믿지 않지만, 하나님이 욥을 테스트하라고 사탄에게 넘겨 주신 것처럼, 그 사고 역시 일어나도록 허락하셨음을 나는 믿는다. 하나님은 우리보다 더 멀리 보시는 분이다. 제자들은 예수님의 죽음만 볼 수 있었을 때, 예수님은 부활의 승리와 기뽐을 보고 계셨고 이와 마찬가지로, 하나님 역시 욥의 고난을 통해 하나님의 이름이 영광 받게 되실 것을 미리 알고 계셨다.

나는 천국의 보좌실에서 하나님께서 하신 말씀을 잊지 않고 있다. "이 땅에서의 네 삶은 너를 위한 삶이 아니다. 리타, 너는 나를 위해 살고 있는 것이다." 그렇기 때문에 내게 주어진 환경이 열악하고 내 힘으로는 아무것도 할 수 없을지라도 현재 내 삶에 일어나고 있는 모든 일에 대해 하나님을 찬양해야만 하는 것이다. 하나님은 늘 나를 겸손히 무릎 꿇게 하신다.

기도할 때 뭔가를 해 달라고 조르며 투정부리지 말고, 대신 감사하는 마음으로 찬양과 경배를 올려 드려라!

> 하나님은 사무엘에게 하나님의
> 마음의 소망을 알려 주셨어요.
> 엄마가 하나님과 교제하는 시간을
> 지속적으로 갖게 되면
> 점점 사무엘처럼 닮아가시게 될 거예요.
> 저와 함께 하나님의 은밀한 처소로 갈 수 있어요.

2005년 11월 27일 일요일

거룩해야 해요. 하나님은 엄마가 하나님을 위해 거룩해지길 원하세요.
우리는 예수님의 보혈로 인해 거룩해졌어요. 하나님이 우리를 축복하셔서 저는 반드시 치유될 거예요. 그리고 저도 엄마처럼 하나님의 말씀을 증거하게 될 거예요.
하나님이 먼저 우리를 가르치신 그다음에 우리도 다른 사람을 가르칠 수 있어요.
엄마, 언제까지나 절 사랑하실 거죠?
우리는 늘 함께 일하며 하나님의 자녀들을 섬기게 될 거예요.

부르심의 성취

우리가 알거니와 하나님을 사랑하는 자들
곧 그분의 목적에 따라 부르심을 받은 자들에게는
모든 일이 합력하여 선을 이루느니라(롬 8:28)

우리 하나님은 우리가 처해 있는 환경을 사용해서 우리의 삶을 통해 이루시려는 그분의 선한 목적을 성취해 가시는 분이다. 우리가 그분을 온전히 신뢰하기만 한다면 심지어 우리의 실수까지도 사용하시어 기적을 이끌어 내신다. 우리의 고난을 통해 일하시는 하나님의 깊은 뜻을 깨닫게 되면 고난이 오히려 그분의 자비와 은혜를 우리에게 보여 주는 유익한 기회가 된다는 점을 알 수 있다.

하나님이 하시는 모든 일이 결국은 우리를 위해서라는 사실을 보여 주시기 위해 우리에게 믿음으로 나오라고 요구하실 때도 있다. 이러한 믿음의 행보를 처음으로 내딛는다는 것은 안락한 생활을 포기한다는 것을 의미하며, 또한 엄청난 모험을 택하는 것이기도 하다. 하지만 아무 부족함이 없는 편안한 생활 가운데서는 영적인 성장을 기대할 수 없기 때문에 이러한 안전지대를 벗어나는 것은 오히려 유익한 일이 될 때가 많다. 실제로 우리가 안락한 생활에 머물러 있을 때는 우리의 삶을 통해, 그리고 삶 안에서 하나님께서 이루시고자 하시는 완벽한 계획을 성취하기가 어렵다.

내가 마침내 나에게 주어진 삶의 무게를 더 이상 견디기가 어렵다고 선포했던 바로 그날, 마태복음 13장 44절에서 말씀하신 그 보물을 발견하게 되었다.

> "또 천국은 밭에 숨겨진 보물과 같으니 어떤 사람이 그것을 찾으면 다시 숨겨 두고 그 기쁨으로 가서 자기의 모든 소유를 팔아 그 밭을 사느니라"

새로운 피조물인 나, 리타는 마침내 빛을 보았다. 내 몸은 하나님께서 나를 위해 계획하신 모든 선한 일을 이루시기 위해 사용하시는 단순한 도구에 지나지 않는다. 나는 내가 물 위를 걷고 있다고 느꼈던 그 순간에도 하나님 손바닥에 머물고 있었다는 것을 깨달았다. 내가 그동안 믿고 의지해 왔던 모든 것들, 나의 재능, 지식, 능력 등을 버려야만 했고, 무슨 대가를 치르더라도 기꺼이 하나님께 순종하고 하나님만 온전히 의지해야만 했다.

당신이 하나님께 온전히 순종할 때, 하나님은 자주 당신이 안락한 일상생활에서 벗어날 것을 요구하신다. 하나님은 당신이 영적으로 성장할 수 있도록 더 높은 수준에 도달하기를 원하신다. 하나님이 부르실 때마다 당신의 고집과 계획을 포기해야만 한다. 그러나 이러한 믿음의 행보를 내딛게 되면 당신은 하나님의 통치를 인정하게 되고, 결국엔 당신과 하나님과의 관계가 더 깊어지게 된다. 당신이 믿음으로 나아갈수록 하나님을 더욱더 의지하게 되고 하나님의 능력이 당신을 더 앞으로 나아가게 한다. 시간이 흐르면서 당신의 자아는 점점 죽게 되고 하나님만 더 커지게 된다.

하나님께서 우리 가족에게 주신 사명은 때때로 내가 감당할 수 없을 만큼 크다고 느껴진다. 내 이해의 한계를 뛰어넘기 때문이다! 하나님의 말씀을 증거하는 도구로 우리 가족이 선택되었다는 사실은 엄청난 책임감과 함께 두려움마저 가져다준다. 그렇기 때문에 내 능력의 한계를 보는 순간 겸허한 자세로 하나님께 나아가 그분께서 이루실 것이라는 사실을 인정할 수밖에 없다. 아직도 겨자씨보다도 더 작은 나의 믿음은 디모데후서 3장 16, 17절에서 하나님의 말씀이 하나님의 모든 선한 일에 우리를 철저히 구비되게 하신다는 약속으로 힘을 얻는다.

고린도전서 3장 6, 7절에는 하나님과 하나님의 자녀 사이의 파트너십에 대해서 명확하게 정의되어 있다.

> "나는 심었고 아볼로는 물을 주었으나 하나님께서는 자라게 하셨느니라 그러므로 심는 자나 물 주는 자는 아무것도 아니지만 오직 자라게 하시는 분은 하나님뿐이시니라."

위 성경 구절 앞부분에서는 우리가 뭔가 구체적인 일을 하도록 선택받은 것에 대해 말씀하고 계신다. 당신의 부르심은 무엇인가?

당신 스스로 추측하지 말고 하나님께서 알려 주실 때까지 그분 앞에 머물러 기다려라.

> 우리는 살아 계신 하나님의 자녀들답게 살아야 해요.
> 이 세상에 하나님의 능력을 보여 주세요.
> 하나님의 사랑은 위대합니다.
> 그분이 우리의 하나님이며 아버지 되십니다.
> 나의 구주 예수님과 하나님 아버지, 사랑합니다.
> 엄마, 엄마는 신부를 준비시키는 일을 위해
> 부름을 받으셨어요.
> 예수님이 엄마를 통해 예수님의 능력을 나타내기 위해
> 엄마를 준비시켜 가실 것을 알고 계시죠?
> 하나님께서 이 모든 일을 하실 거예요.
> 하나님이 엄마를 온 세상으로 보내실 거예요.

2007년 2월 2일 금요일

예수님께서 제가 하나님의 말씀을 전할 거라고 하셨어요. 저는 긍정적인 말만 할 거예요. 하나님이 저를 치유하실 거라고 저는 믿고 있어요.

엄마가 저를 믿고 후원하시는 것처럼 제가 완전히 회복하고 나면 저도 전적으로 엄마를 도울 거예요. 제가 100% 완전하게 회복될 거라고 믿지 않으세요?

엄마가 다른 사람들을 가르칠 수 있도록 하나님이 엄마를 직접 가르치고 계세요.

하나님이 잃어버린 영혼들을 구원하는 데 엄마를 사용하시려고 훈련시키고 계세요. 엄마는 영혼의 큰 문을 활짝 열어 놓으셔야 해요.

긍정의 힘

죽는 것과 사는 것이 혀의 권세에 있나니
혀를 사랑하는 자는
그 열매를 먹으리라(잠 18:21)

말의 중요성에 대해서는 에스겔 37장에 잘 나와 있다. 여기서 하나님은 마른 뼈에게 말하라고 선지자에게 명령하신다. 이미 죽어 버린 마른 뼈에게 생명을 선포하자 뼈들이 살아났고 강력한 군대가 일어났다.

이 말씀의 중요성에 대해서는 아무리 강조해도 지나치지 않는다. 나는 말이 내 삶에 미친 엄청난 영향력을 실제로 경험했기에 이 주제에 대해서 자신 있게 전할 수 있다. 알도가 병원에서 혼수상태에 있었을 때 알도의 손가락이 검게 변해서 비틀어지기 시작하는 꿈을 꾸었다. 그때 알도가, "엄마, 나를 향해 생명을 선포하세요. 긍정적인 말만 하세요!"라고 했다. 나는 알도의 영에게 생명을 선포했다. 당신의 육체가 살아 있더라도 영이 죽었다면, 당신은 죽은 시체에 불과하다. 말에는 엄청난 권세가 있다. 온유하고 위로하는 말이 생명을 살리고 치유와 희망을 가져오는 것과 마찬가지로, 잔인하고 모욕적인 말은 죽음과 파괴와 낙망을 불러온다. 말의 능력을 알고 싶으면 사람들이 서로에게 하는 말들을 잘 들어 보기만 하면 된다.

자녀들에게 당신은 어떤 말을 하고 있는가? 자녀들이 공부도 못하고, 못생기고, 머리도 나쁘다고 계속해서 얘기해 주면 당신 자녀들은 실제로 못생겨지고, 어리석어져서 사회에 아무런 쓸모가 없는 존재로 전락하게 된다. 자녀들에게는 부모의 삶의 모습이 가장 큰 영향을 미치기 때문에 다른 사람들이 자녀들에게 하는 말보다, 부모들이 자녀들에게 하는 말의 영향력이 훨씬 막대하다는 사실을 항상 염두에 두어야 한다. 그런 까닭으로 자녀들에게 항상 긍정적인 말, 영을 살리는 말만 해 주어야 한다.

우리의 말에는 예언적인 능력이 있다. 당신의 배우자에게 어떤 말을 해 주는지 한 번 생각해 보라. 남편들이 아내들을 칭찬해 준다면 아내들은 남편 눈앞에서 순식간에 활기를 되찾고 삶에 자신감이 충만하게 될 것이다. 아내들이여, 남편을 추켜세워 주면 남편 옆에 설 때마다 아내로서 자랑스러운 마음이 들게 될 것이다.

나의 둘째 아들 조쉬 역시 말의 능력을 벌써 이해하고 있다. 그는 자주 내게로 쪼르르 달려와서는, "엄마, 저 사람들이 말로 서로를 죽이고 있어요!"라고 고자질하고는 한다. 아직 어리지만, 생각 없이 내뱉는 말의 부정적인 영향에 대해 충분히 이해하고 있는 것이다. 하지만 다행스럽게도 우리 아이들은 긍정적인 말의 능력에 대해서도 잘 알고 있다. 저주의 위험을 미연에 방지하는 축복을 받았다는 사실을 부인하기가 어렵다.

당신 자신에 대해 얘기하든, 다른 사람들에 대해서 얘기하든, 상관없이 당신의 말은 영향력을 갖고 있다. 어쩌면 지금 이 순간 당신은 당신의 혀로 인해 열린 쓴 열매를 따고 있는지도 모른다. 지금부터라도 긍정적인 말로 살리는 말만 하게 되면 당신의 환경이 변화되기 시작하는 것을 보게 될 것이다.

당신 입에서 나가는 모든 말이 당신을 대적하는 나쁜 열매로 되돌아와서 피해를 주는 게 아니라, 당신의 동역자가 되게 하라. 이렇게 하기 위해서는 먼저, 당신 자신의 소리에 귀를 기울여라. 당신이 하는 말을 주의 깊게 들어 보면 얼마나 자주 자연스럽게 부정적인 생각을 쏟아 놓고 있는지 스스로도 놀라게 될 것이다. 이것이 바로 아직도 당신이 당신 인생의 주인이라는 것을 입증해 준다. 내가 하는 모든 말은 절대로 없어지지 않는다. 당신 입에서 쉽게 쏟아져 나오는 말들이 결국 당신 삶의 질을 결정하게 될 것이다.

우리의 고백이 우리의 삶에 어떤 영향을 미치는지 다음의 성경 구절을 통해 알 수 있다.

- 나는 구원받았다.

● "네가 네 입으로 주 예수를 시인하고 또 하나님께서 그를 죽은 자들로부터 살리신 것을 네 마음에 믿으면 구원을 받으리라 이는 사람이 마음으로 믿어 의에 이르고 입으로 고백하여 구원에 이르기 때문이라"(롬 10:9, 10)

- 나는 치유받았다.
- "그러나 그는 우리의 허물로 인하여 상처를 입었고 그는 우리의 죄악으로 인하여 상하였도다… 그가 맞은 채찍으로 우리가 치유 되었도다" (사 53:5)

- 나는 자유하다.
- "그러므로 만일 아들이 너희를 자유롭게 하면 참으로 너희가 자유롭게 되리라" (요 8:36)

- 무조건적인 사랑을 할 수 있으며 절대로 홀로 남지 않을 것이다.
- "소망이 부끄럽지 않은 것은 우리에게 주신 성령에 의하여 하나님의 사랑이 우리 마음속에 부어졌기 때문이다" (롬 5:5)

- 나는 내 삶의 고비 때마다 하나님과 하나님의 도움을 의지할 수 있다.
- "…이는 그가 말씀하시기를 내가 너를 떠나지 아니하고 너를 버리지 아니하리라고 하셨음이라 (히 13:5)

당신이 두려움과 의심의 어두운 그림자를 허락할 때마다 당신의 혀가 점점 더 악한 영향력을 미치게 된다는 사실을 기억하라. 당신이 하는 말에 주의해서 오직 살리는 생명의 말만 하라!

> 저처럼 하나님의 임재를 찾는 모든 사람들의
> 평안을 위해 기도합니다.
> 우리가 항상 하나님의 사랑과 인도하심
> 가운데 거하게 되기를 기도합니다.
> 우리는 그날이 오면 하나님과 함께 거하게 될 것입니다.

2007년 2월 20일 수요일

엄마, 사랑해요. 보좌에 앉아 계신 하나님을 보았어요.
하나님이 나를 치유하시기 위해 당신의 독생자를 십자가에 매달으셨다고 말씀하셨어요.
저는 하나님만 섬길 거예요. 엄마랑 같이 하나님만 따를 거예요.
엄마, 저를 사고 나기 이전과 같이 사랑해 주세요.
하나님께 우리의 삶을 바치지 않으시겠어요? 사무엘이 하나님을 본 것처럼 우리도 하나님을 보게 될 거예요.
엄마는 제게 등불이 되어 주셨어요. 엄마, 하나님이 사무엘 선지자의 선생이셨다는 사실을 알고 계세요? 엄마의 마음을 테스트해서 예수님의 신부로 준비가 되셨는지 잘 살펴보세요.
하나님이 엄마에게 찾아 오셔서 직접 자신에 대해 가르쳐 주실 거예요.

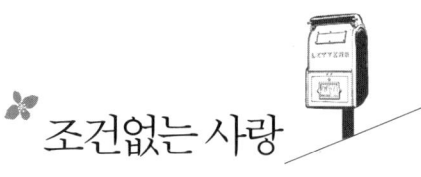

조건없는 사랑

사랑하지 아니하는 자는
하나님을 알지 못하나니
하나님은 사랑이시기 때문이라(요일 4:8)

알도의 엄마로서 나는 이미 알도의 배우자에 대한 기도를 시작했다. 미래의 며느릿감이 세상의 눈에는 장애인으로만 보이는 알도를 조건 없이 사랑하게 해 달라고 기도한다.

사랑은 불완전한 사람을 받아주는 것이다. 성령께서 이것을 내 마음에 확증하시면서, "리타, 네가 기도한 대로 알도를 조건 없이 사랑해 줄 수 있는 배우자를 알도에게 보내 주겠다. 하지만 너는 어떠니? 너도 네 남편을 조건 없이 사랑하고 있니?" 하고 물으셨다.

맞다. 다른 사람들에게 설교하기는 쉽지만 내가 실제로 그 말씀대로 사는 것은 완전히 별개의 문제다.

그날 이후 남편을 완전히 새로운 시각으로 바라보기 시작했다. 하나님이 내 남편을 조건 없이 사랑한다는 사실을 깨닫게 되면서, 왜 나는 남편을 바꾸려고 그토록 노력했는지 후회가 되었다. 많은 아내들이 '우리 남편이 조금만 바뀌면 사랑할 수 있을 텐데…'라고 생각하거나, '우리 남편이 나랑 조금만 닮았어도 우리 결혼 생활은 훨씬 더 행복할 텐데…'라고 생각한다. 마치, 자신은 완벽한 것처럼. 당신의 결혼 생활이 불행한 이유는 당신이 아직도 결혼 생활과 남편과의 관계, 당신의 삶에서 주인 노릇을 하고 있기 때문일 수도 있다. 나의 배우자가 하나님께서 그분의 즐거움을 위해 창조하신 독특한 피조물이란 사실을 받아들이고 나서야 남편 타이너스를 하나님의 눈으로 바라보게 되었다. 그 후 하나님의 삼각관계인, 나와 남편과 하나님 중에서 변화가 필요한 사람은 남편이 아닌 바로 나 자신이라는 사실을 깊이 깨닫게 되었다.

하나님은 사고 당시에 고속도로에서 망연자실하고 있는 나에게 찾아 오셔서 교만과 결점을 포함한 나의 모든 것을 용납하시고 받아 주셨다. 하나님은 내가 그분의 임재 안으로 들어오기 위해서 먼저 죄를 없애고 완벽해진 모습으로 오라고 하시지 않았다. 그 대신 그분의 팔을 활짝 벌리고 "리타! 내가 너를 얼마나 오랫동안 기다려 온 줄 아니?"라고 하시며 나를 안아 주셨다.

다른 사람을 향한 나의 태도는 하나님과 나와의 관계에 직접적인 영향을 미치기 때문에, 보이는 사람을 사랑하지 못하면서 보이지 않는 하나님을 사랑하는 것은 거짓이라고 성경은 말씀하신다. 요한일서 4장 16절에서 이 부분을 명확히 밝히신다.

"…하나님은 사랑이시라 사랑 안에 거하는 자는 하나님 안에 거하고 하나님도 그의 안에 거하시느니라"

우리는 모두 조건 없는 사랑을 갈망한다. 우리의 있는 모습 그대로 받아들여지기를 필사적으로 원한다. 그렇다면 잠잠히 하나님 앞에 머물며 하나님께서 당신을 사랑하신다는 사실을 먼저 깨달으라. 하나님이 당신을 받아 주셨으며 그분이 우리의 보호자가 되신다. 당신의 삶에서 하나님의 임재에 대한 자각을 잃어버리는 것은 당신에게 일어날 수 있는 가장 '불행한 일'이 될 것이다.

우리 자신을 하나님께 드리기 위해서는, 그 무엇보다도 우리의 마음을 지켜야만 한다. 그런 이유로 쉬지 않고 기도하는 습관을 몸에 익혀야 한다. 당신이 하나님의 사랑이 넘치는 임재에 푹 잠겨 있을 때, 당신은 절대로 외로움을 느끼지 않는다. 당신의 관심이 온전히 하나님께만 집중되어 있기 때문에 24시간 내내 하나님의 임재만을 느끼게 될 것이다. 하나님의 사랑이 높은 파도처럼 당신을 둘러싸고 있을 때 그 안에서 당신은 완벽한 만족을 느끼게 된다.

교만이 당신과 하나님의 관계를 방해하지 못하도록 각별히 경계하라. 당신 자신을 온전히 하나님께 내어 드리고 하나님의 존귀한 임재 가운데 살아가라.

살아 계신 하나님의 자녀들답게 살아가야 해요.
하나님의 전지전능하심을 세상에 보여 주셔야 해요.
하나님의 사랑은 위대합니다.
우리 하나님 아버지와 나의 구주 예수님을 사랑합니다.
엄마, 엄마는 예수님의 신부를 준비하기 위해 선택받았어요.
예수님이 엄마에게 직접 기름 부으시고 준비시켜 주실 거예요.
하나님이 이 모든 것을 가능하게 하실 거예요.
하나님이 엄마를 온 세상으로 보내실 거예요.

2005년 11월 11일 금요일

머리가 전혀 아프지 않아요. 나는 완전히 치유되어서 더 이상 변덕을 부리지 않을 거예요. 하나님이 내가 다시 전처럼 유창하게 말을 하게 되어 복음을 증거할 것이라고 말씀하셨어요. 엄마가 저를 잘 돌봐 주시고 사랑해 주셔서 무척 감사해요.
엄마, 영원히 저를 이렇게 사랑해 주실 거죠?
하나님이 우리가 함께 복음을 전하도록 도와주실 거예요.
우리 가족은 축복받은 가족이에요.
엄마, 예수님을 위해서 제가 간증을 녹음하는 것을 도와주실 거죠? 또 CD도 만들어서 제가 천국에 다녀온 얘기를 많은 사람들에게 들려줄 거예요.

말씀을 먹으라

> 그의 눈은 불꽃 같고 머리에는 많은 왕관이 있고
> 또 한 이름이 기록되어 있는데 그 자신 외에는 아무도 모르며
> 피에 적신 옷을 입었는데 그의 이름은
> 하나님의 말씀이라 불렀더라(계 19:12, 13)

우리에게 주어진 매일의 삶에서 하나님의 말씀이 우리 길의 빛이며, 우리 발 위의 등불 역할을 해주신다. 예수님이 곧 하나님의 말씀이다. 기독교 서적을 읽는 것이 잘못된 일은 아니지만 성경이 모든 책 중에서도 가장 값진 책이기 때문에, 우리는 반드시 그 어떤 책보다도 성경을 읽는 데 더 많은 시간을 들여야 한다.

하나님의 말씀 속에 있는 진리가 우리를 자유롭게 해 주신다! 나의 자아상은 내 감정을 기초로 형성되어 있고, 우리의 감정은 거짓되고 불완전하기 때문에 절대로 신뢰할 수 없다. 그러나 성경을 읽을 때는 나 자신을 하나님의 눈으로 보게 되어 그 말씀을 내 삶의 방향을 결정하는 지표로 삼을 수 있다. 나에게 있어 성경은 결국 내가 하나님과 내 감정 중에 어떤 것을 믿을지를 결정하는 판단 기준이 된다.

알도가 혼수상태였을 때, 그의 침대 옆에서 밤을 지새우는 동안

속으로 혹은 소리 내어 기도할 때마다 긍정적인 생각을 갖고 생명을 선포하기란 정말 쉽지 않았다. 주변 모든 사람들이 알도의 증상과 상태에 대해 부정적이고 절망적인 얘기만 늘어놓고 있었기 때문이었다. 어느 날, 나는 더 이상 이 모든 상황을 감당할 수가 없어서 하나님 앞에 엎드렸다. 이제부터는 오직 하나님의 말씀만 받아들이겠노라고 말씀드린 후, 내 생각이나 느낌이 아닌 성경 말씀만을 선포해 나갔다. 그렇게 시작한 지 얼마 되지 않아 상황이 바뀌어가기 시작했다. 당신이 믿음으로 하나님의 말씀만 선포해 나갈 때, 죽은 지 나흘만에 다시 살아난 나이지리아 목사님처럼 당신의 환경 역시 바뀌기 시작할 것이다. 그 목사님의 아내는 하나님의 말씀을 굳건하게 붙들었다. 진리가 목사님을 다시 살아나게 했다.

지금도 여전히 알도의 증상에 대한 부정적인 소식을 듣고는 있지만 하나님의 말씀이 진리이며 진리가 의학적인 진단이나 결과를 초월한다는 사실을 나는 잘 알고 있다. 하나님이 알도에 대해서 내게 말씀하셨고, 나는 하나님의 말씀을 전심으로 의지한다.

나는 성경 말씀을 읽는 데 더 많은 시간을 보낼수록 더 많은 해답을 얻게 되었다. 하나님은 나에게 말씀하고 계신다. 하나님의 영과 환상과 꿈과 사람들과 자연을 통하여 하나님은 여전히 우리에게 말씀하고 계신다. 성경 시대가 끝났다고 해서 하나님께서 더 이상 말씀하시지 않는 것이 절대 아니다. 성경 말씀을 연구하고 묵상하라. 성령님께 하나님의 말씀을 설명해 주시고, 진리 가운데로 인도해 달라고 구하면 당신에게도 하나님께서 말씀하실 것이다. 성경이 우리 힘의 원천이다.

당신은 하나님의 말씀을 믿어도 좋다. 하나님이 말씀하셨다면 그대로 이루실 것이다. 하나님은 이사야 55장 11절에서 이렇게 약속하셨다.

"내 입에서 나가는 내 말도 그러하나니 그것은 내게 헛되이 돌아오지 아니하고 내가 기뻐하는 것을 이루며 내가 보내어 이루려 하는 일에서 번성할 것이니라"

하나님이 성경 말씀을 통해서 우리에게 말씀하실 때 우리가 그 말씀을 믿음으로 받아들이면 모든 일이 달라지기 시작한다. 나는 하나님의 말씀이 의학적인 소견보다 더 권위가 있다는 사실을 믿기로 선택했고, 내 환경이 아닌 예수님의 십자가를 바라보기로 결정했다.

심는 대로 거두는 법이다. 인생은 마치 메아리와 같다. 당신이 인생의 갈라진 틈을 향해 고함을 지르면, 그 결과가 다시 당신에게로 돌아온다. 다시 말하자면, 당신이 가장 많이 투자한 곳에서 가장 많은 수확물을 거두게 된다. 당신이 가족과 함께 많은 시간을 보낸다면, 그들에게 투자한 시간만큼 보상을 받게 되어 모든 가족 구성원과 강력한 유대 관계를 나누게 될 것이다. 마찬가지로 당신의 결혼 생활 역시 당신의 배우자와 보낸 시간을 반영하게 마련이다. 진정한 문제는 하나님의 말씀에 얼마나 많은 시간을 투자했느냐 하는 것이다. 그것이 하나님과 당신의 관계를 잘 대변해 주고 있을 것이다. 어쩌면 당신은 지금 절대로 심고 싶지 않았던 씨앗의 열매를 거두고 있는지도 모르겠다. 아직도 상황을 바꾸기에 늦지 않았다.

당신이 하나님의 말씀에 무지해서, 하나님의 충만하심을 잠시 놓쳤을 뿐이다. 말씀 안에서 인생을 사는 법을 배울 때, 오직 한 번뿐인 당신의 삶은 다시 풍성하게 열매를 거두게 될 것이다.

2005년 6월 21일 화요일

예수님이 아빠를 축복하셔서 우리도 아빠를 더 사랑하게 될 거예요. 아빠는 시냇가에 심은 푸른 나무 같은 분이니까요. 예수님은 내가 하나님의 말씀을 전 세계에 널리 전할 거라고 말씀하셨어요. 예수님이 보내시는 곳이라면 어디든 저와 함께 가실 거죠?

예수님이 저를 기름 부어 주시고 세상으로 보내 주실 거예요. 단단히 준비하세요.

엄마, 예수님께서 보내신 메시지가 있어요. "가서 나를 위해 일하면 내가 너를 돌봐 주리라. 내가 창조한 리타로 다시 돌아가라. 너는 세계적인 사역자로 부름을 받았다."

전신갑주를 입으라

> 그러므로 너희는 하나님의 전신갑주를 입으라
> 이는 너희가 악한 날에 저항할 수 있으며 또 모든 일을
> 다 이루기까지 서 있게 하기 위함이니라(엡 6:13)

하나님께서 우리에게 전신갑주를 주신 이유는 악에 대항해서 싸울 때 무장시키기 위해서다. 하나님께서 주신 전신갑주의 보호가 없다면 우리는 영적인 영역에서 무방비 상태로 벌거벗은 것과 마찬가지다. 하나님은 우리를 위험에서 건지시고 위기 때마다 도우시며 우리를 향한 하나님의 거룩한 부르심을 확인해 주신다. 하나님의 전신갑주를 자세히 들여다보자.

● 우리의 허리에 진리의 띠를 두르는 것은 필수다. 벨트는 사탄이 하나님의 약속과 하나님에 대한 우리의 믿음을 파괴하는 데 사용하는 거짓과 속임수에 대항해서 우리를 지켜준다. 벨트는 바지가 흘러내리지 않도록 고정시켜 준다. 진리의 띠가 없다면 당신의 영적인 바지가 발목까지 흘러내려서 더 이상 전진하지 못하도록 방해할 것이다. 띠를 단단히 고정시키고 다가올 일에 대비하라.

● 의의 흉배는 예수님의 보혈을 통해 하나님 앞에 나아갈 수 있는 자격이 생겼음을 의미한다. 우리의 무혐의를 실제로 입증해 주고 하나님의 시각으로 우리를 바라볼 수 있도록 회복시켜 준다. 그래서 흉배는 예수 그리스도를 통한 우리의 의가 되며 우리의 가장 연약한 부분을 보호해 준다. 우리의 마음은 십자가를 통해 거룩해지고 죄에서 자유하게 되었다.

● 신발은 우리가 하나님께서 복음을 전하라고 보내 주시는 곳마다 평강 가운데 갈 수 있도록 우리를 준비시켜 준다. 신발은 전 세계에 복음을 증거하려는 우리의 자원하는 심령을 의미하기도 한다. 당신은 중국과 러시아, 혹은 아프리카와 같이 전 세계 곳곳으로 하나님의 말씀을 전하러 기꺼이 떠날 준비가 되어 있는가? 당신의 편안한 삶을 뒤로한 채 당신을 사랑하는 사람들의 만류에도 불구하고, 종교의 자유도 없고 언제라도 사람들이 당신을 배신해서 정부 기관에 넘겨 줄 수 있는 곳에서 일하며 살 수 있겠는가? 최소한 이러한 부르심을 받은 사람들을 위해 기도하며 물질로 후원할 수 있겠는가?

하나님께서 북한이나 중동같이 어려운 선교지에 가라고 요구하시지 않아도 당신의 삶에 나타나신 하나님의 선하심을 당신의 자녀가 다니는 학교에서, 혹은 친구들 모임이나 일터에서 증거할 수 있겠는가? 매일 신발을 신을 때마다, 예수님이 살아 계신다고 증거할 수 있는 사람들을 만날 수 있는 기회가 주어지는 것에 대해 생각해 보라.

● 믿음의 방패는 사탄의 불타는 화살로부터 당신을 보호해 준다. 금이 불 속에 들어가서 제련되어 정금이 되는 것처럼, 하나님 안에서 우리의 믿음 역시 불을 통과해야 한다. 단지 당신이 하나님의 말씀과 약속을 믿는다고 해서 사탄의 시험으로부터 자유롭게 되었다는 뜻은 아니다. 지금은 믿음의 방패를 높이 들고 사탄에게 저항해야 할 때다. 사탄의 시험을 잘 통과하는 데 도움이 되는 실제적인 방법은 믿음의 형제자매들에게 중보 기도를 요청하는 것이다.

사탄이 당신을 대적할 때, 성경을 읽으라. 성령께서 지난 몇 년 동안 당신에게 나눠 주신 약속들과 성경 말씀을 찾아서 다시 읽어라. 이때 소리 내어 읽는 것이 좋다. 자신의 목소리로 소리 내어 읽게 되면, 하나님의 강력한 말씀을 스스로의 목소리를 통해 듣게 되고, 이를 통해 믿음이 더 강해져서 사탄에게 저항할 능력이 더욱 커지게 된다.

● 구원의 투구는 우리의 머리와 그 안에 있는 우리의 생각을 보호해 준다. 우리 생각 속에 죄가 찾아올 때 투구를 쓰면, 예수님의 속죄가 하나님의 은혜로 인해 우리에게 거저 주시는 선물임을 다시 깨닫게 되고 우리는 다시 구원의 확신을 갖게 된다.

누군가의 머리를 벤다는 것은 상대방을 가장 확실하게 죽일 수 있는 방법이므로 구원이 투구와 비교되는 것이다. 투구는 사탄으로부터 가장 중요한 우리의 신체의 일부를 보호할 수 있다. 팔과 다리에 부상을 입어도 생존하는 데 큰 문제가 되지 않지만, 머리를 잃게 되면 목숨까지도 잃게 된다. 따라서 투구를 쓰고 머리를 잘 보호하라. 입으로 당신이 은혜를 통하여 구원되었음을 날마다 선포할 때 사탄의 공격은 실패로 끝나게 될 것이다.

●성령의 검은 사탄의 목을 베거나 저항할 때 강력한 무기로 사용된다. 하나님의 말씀은 강력하고 치명적인 무기로 그 어떤 검보다도 날카로워서 마음의 깊이와 생각까지도 테스트할 수 있다. 크리스천에게 성령의 검은 하나님께서 주신 보석이며 특별한 표시가 된다.

당신이 다른 사람의 고민을 상담해 주거나 반항적인 사춘기 청소년을 다루는 법에 대해 조언을 해 줄 때도 하나님의 말씀에 의지하라. 하나님의 말씀보다 더 정확하게 사탄의 공격이나 반항이나 근심을 물리칠 수 있는 지혜로운 말이나 다섯 가지 행동 규칙 따위는 이 세상에 존재하지 않는다. 핵심적인 성경 구절 몇 개를 외워 두었다가 필요할 때마다 인용해서 사용하라. 정확하게 성경에 쓰여 있는 대로 기억을 못하더라도 크게 걱정할 필요는 없다. 성령께서 적당한 말씀을 입에 넣어 주실 테니까.

●성령 안에서 무시로 기도할 때, 우리의 영이 늘 깨어 있게 된다. 기도는 하나님과의 핫라인이며 감사와 찬양으로 기도는 힘을 얻게 된다. 우리는 이러한 특별한 영적인 옷을 입어야 한다. 기도는 전쟁터에서 우리를 잘 지탱하게 해 줄 뿐 아니라 예수 그리스도 안에서 승리를 거두게 해 준다.

나는 이제 예수님이 원하시는 모습이 될 수 있어요.
예수님이 우리에게 다시 돌아오신다는 사실을
경고하는 선지자가 될 거예요.
우리는 홍수와 지진을 통해 하나님의 능력을 경험하게 될 거예요.
엄마, 홍수가 다가오고 있다고 사람들에게 경고해 주시겠어요?

하나님이 제가 다시는 엄마의 마음을 아프게
해 드리지 않도록 도와주실 거예요.
엄마가 속상해하는 것을 보고 싶지 않아요.
용서해 주세요.
하나님은 저도 엄마처럼 말씀을 증거하기를 원하세요, 엄마.
저도 엄마의 다음 번 집회 때는 함께 갈 거예요.
지금부터는 교회에 가서 엄마가 어떻게 하나님의
말씀을 증거해야 하는지 잘 지켜보세요.
성령께서 가르쳐 주실 거예요.
하나님과 천사들이 엄마와 함께 가실 거고,
라파엘도 그곳에 있을 거예요.
교회에 갈 때 저도 데려가 주세요.
라파엘이 밤에 저에게 얘기하러 왔었어요.

라파엘이 하는 일은 우리를 치유하는 거예요.

라파엘이 제 시력을 회복시켜 주고 있어요.
또 다른 상처도 다 아물게 할 거예요.

2005년 10월 25일 화요일

예수님처럼 밖으로 나가서 하나님의 말씀을 선포해야 해요.

내가 치유되어서 곧 말씀을 선포하기 시작할 것이라는 사실을 난 알고 있어요.

하나님의 영이 들어오실 수 있도록 엄마의 마음을 활짝 열지 않으시겠어요?

하나님께서, "너희를 성령님이 누구신가와 어떻게 성령님을 영접하는가에 대해 사람들에게 알리는 일에 사용할 것이다"라고 하셨어요.

사무엘처럼 저도 성전으로 돌아가야 해요. 하나님이 제가 알아야 할 모든 것을 저와 항상 함께하시는 성령님을 통해 가르쳐 주실 거예요.

하나님이 원하시는 방식으로 사셔야 해요. 거룩하게요.

제가 100% 치유될 것이라고 저는 확신해요.

인내하셔야 해요, 엄마!

엄마, 아빠, 사랑해요.

열매 맺는 삶

그러므로 너희는
그들의 열매들을 보고
그들을 알게 되리라 (마 7:20)

하나님께서 내게 말씀하시기를, "리타, 너는 대가 굵고 무성한 잎을 가진 크고 아름다운 무화과나무지만 열매가 없단다. 너는 심지어 나무 전체에 '나는 크리스천이예요!'라는 푯말까지 붙여 놓고 주일마다 교회도 열심히 가지만, 너의 열매를 찾아보기가 어렵구나. 열매를 맺기보다는 항상 남들을 판단하고 정죄하고 깎아내리기에 바쁘구나."

"네가 남을 판단하는 그 잣대로 나도 너를 심판할 테니 남을 비판하려는 유혹을 이기도록 해라. 네가 남을 심판하면 나 역시 너를 심판할 수밖에 없고, 사탄이 너의 영을 오염시키도록 문을 열어 주는 꼴이 된다. 다른 사람을 판단하는 대신 축복해라. 그들을 계속 축복해라."

"성령께서 너의 삶을 다듬고 이러한 비판의 영을 뿌리 뽑도록 맡겨 드려라. 너를 다듬으실 때 교만하게 목을 곧게 세우지 마라. 잠잠히 있어 내가 하나님 됨을 알지어다. 나는 가지치는 세밀한 과정까지도 다 주관하고 있단다. 성숙한 나의 자녀라면 가지치기를 당할 때 이러한 반응을 보여야 마땅하다."

이 말씀을 받아들이기가 너무나 어려웠지만, 나는 하나님에게서 나오지 않은 모든 것을 다 제거해 달라고 요청드려야만 했다. 정원사가 가지치기 가위를 들고 나무를 다듬으려고 할 때 반항하는 나무를 본 적이 있는가? 하나님은 우리와 함께 세상을 먹이시기 위해 우리가 열매를 맺기 원하신다. 가지치기를 통해 나무는 더 많은 열매를 맺게 된다. 우리 역시 성령의 열매가 우리의 삶에 증거로 나타나도록 가지치기를 당해야 한다.

갈라디아서 5장 22, 23절에는 하나님께서 자녀들에게 기대하시는 영적인 열매가 정확히 무엇인지 잘 나온다. "…사랑, 기쁨, 화평, 오래 참음, 친절, 선함, 믿음, 온유와 절제…."

성령님이 우리 안에 사실 때, 이러한 열매를 통해 하나님의 성품이 드러나게 된다.

> 예수님이 우리가 다른 가족들과 함께 하나님의
> 말씀을 전할 것이라고 하셨어요.
> 우리 모두 하나님을 보게 될 거예요.
> 예수님이 살아 계신다는 사실을 가서 전해야 해요!
> 하나님이 원하시는 대로 거룩하고
> 순종하는 삶을 살아야 해요.

엄마, 항상 하나님을 위해 사실 거죠?
우리가 예수님과 함께 보좌실에
있었기 때문에 우리 모두 하나님이
살아 계신다는 사실을 알고 있죠.
하나님은 저를 치유하실 거예요.
마치 진흙으로 새로운 피조물을 창조하시는
것처럼 하나님의 손으로 직접 저를
다시 새롭게 만드실 거예요.
하나님의 영광을 위해!

2007년 2월 26일 월요일

엄마, 사람들에게 경고하셔야 해요. 그래야 사람들의 삶이 바뀌어요. 하나님은 하나님이 다시 이 땅으로 돌아오고 계신다는 사실을 엄마가 세상에 알리기를 원하세요. 준비하세요. 그분이 우리에게 다시 돌아오고 계세요.

혼인잔치가 준비되었고, 주님은 주님의 신부가 예복을 입고 잔치에 참여하기만을 기다리고 계세요.

마태복음 25장을 읽으세요.

나의 구주 예수님, 사랑합니다. 나를 위해 대신 십자가에 달려 주셔서 감사해요.

주님의 성령을 사랑합니다.

엄마의 마음속에 하나님에게서 나오지 않은 모든 것을 다 제거하셔야 해요.

엄마, 엄마는 하나님의 부르심을 받은 자로 오직 하나님만을 위해서 사셔야 한다는 사실을 잘 알고 계시죠? 누가 세상에 나가서 하나님의 말씀을 전할 수 있을까요?

하나님은 저를 치유하실 것이고, 저는 살아 있는 동안 오직 하나님만 섬길 거예요.

성령 충만한 삶

그러나 성령께서 너희에게 임하시면 너희가 능력을 받으리니
그러면 예루살렘과 온 유대와 사마리아와 땅 끝까지 이르러
내게 증인이 되리라 (행 1:8)

나는 이미지 컨설팅 분야에서는 전문가로 알려져 있어서 외모를 흠 없이 완벽하게 돋보이게 하는 비결에 대해서는 잘 알고 있다고 자부한다. 하지만 하나님과의 관계가 깊어갈수록 영적인 성장에 대해서는 무지하다는 사실을 깨닫게 되었다. 하나님이 내게 사자의 용기를 주셔서 알도와 내가 하나님의 소명을 완성하게 될 것이라는 확신은 주셨지만, 나는 여전히 어떤 테크닉이 필요하다고 생각했다.

"주님, 당신의 가르침이 필요합니다. 저를 도와주세요!"

하나님의 대답은 간단했다. "의의 길을 걸어야 한다. 네 안에 나의 성령이 있으며 성령이 너에게 필요한 모든 것을 알려 주시고 너를 준비시켜 주실 것이다"라는 말씀과 함께 성경 두 구절로 이에 대해 재확인을 시켜 주셨다.

첫 번째 구절은 로마서 8장 9절 말씀이었다.

"그러나 하나님의 영이 너희 안에 거하시면 너희가 육신 안에 있지 아니하고 성령 안에 있나니 이제 누구든지 그리스도의 영이 없으면 그의 사람이 아니니라"

두 번째 구절은 요한복음 14장 26절이다.

"그러나 위로자이신 성령을 아버지께서 내 이름으로 보내시리니 그가 너희에게 모든 것들을 가르치시며 또 내가 너희에게 말한 모든 것들을 기억나게 하시리라."

성령 충만함을 받기 위해서는 마음을 깨끗이 비워야 한다. 당신의 계획과 필요와 꿈과 목적을 다 내려놓아야 한다. 당신의 교만한 욕심을 버려야 한다. 일단 이런 식으로 당신 자신을 비우게 되면 당신은 완전히 하나님의 영에 사로잡히게 되고 하나님께서는 당신을 통해 이루시려는 뜻에 필요한 모든 것을 준비시켜 주신다.

성령님께 사로잡힌 사람을 구별하는 일은 아주 쉽다. 그런 사람들은 자기중심이 아니라 하나님 중심으로 살아간다. 성령 충만한 사람들은 자신은 죽고, 그리스도 안에서 새로운 삶의 은혜를 체험한 사람들이다. 그들의 삶 전체는 성령님의 인도를 받게 되고, 성령님만이 하나님께서 그들의 삶을 통해 이루시려는 구체적인 계획을 성취할 수 있게 도우실 수 있다.

어느 날 저녁, 트비스포르담에 있는 보트 클럽 주변을 조깅하고 있는데 하나님께서 '성령 충만의 중요성'에 대해 알려 주셨다. 선착장에서 잠시 조깅을 멈추고 숨을 고르다가 해변 가에 정박된 수많은 배들을 보게 되었다. 바람에 흔들리는 바다 물결을 따라 보트들이 삐걱 삐걱 소리를 냈다.

"보기 좋지 않니?"

"그래요, 주님. 보트들이 만들어 내는 소리가 정겹게 들립니다."

"이 보트들은 마치 나의 교회들과 같다. 나의 자녀들이 주일마다 교회에 나와 서로서로 어깨를 마주대고 '삐거덕 삐거덕' 소리를 내고 있구나. 어떤 사람들은 좀 더 큰 소리를 내기도 하지만, 그들이 만들어 내는 소리는 모두 동일하단다. 이 보트들이 자신들의 숨은 기량을 마음껏 펼쳐야 한다고 생각하지 않니?"

"이들은 항해용 보트들이기 때문에 전진하려면 바람이 필요하단다."

"나의 교회들이 그들의 창조 목적을 이루기 위해서는 교회 안에 반드시 성령의 바람이 불어야 한단다."

예수님께서 승천하신 후에 제자들은 10일간 기도하며 기다린 끝에 성령 충만을 받게 되었고, 성령 충만을 받은 후에야 예수님이 말씀하신 대로 복음을 증거힐 수 있었다. 성령님이 없으면 그들은 아무 것도 할 수 없었다. 성령 충만을 받아야만 하나님께서 사용하실 수 있었다.

우리 중 그 누구도 거룩하지 않다. 숨겨둔 죄, 죄악된 행위들과 용서하지 못하는 마음들은 우리 삶에서 성령께서 일하시는 데 방해가 된다. 그렇기 때문에 성령 충만한 사람들은 성령님의 음성을 듣고, 이러한 무단 침입자들을 다 쫓아내어 하나님께서 우리 안에 시작하신 일을 끝내시도록 도와드려야 한다.

성령께서 우리 안에 거하실 때, 우리가 좀 더 예수님을 닮아가도록 우리 안에서 일하기 시작하신다. 성령께서 우리의 성품을 변화시켜서 거두시려는 수많은 성령님의 열매가 있지만, 특별히 일곱 가지 열매에 대해서 말씀하신다.

그 일곱 가지는 다음과 같다.

- 기도의 영
- 양자의 영
- 순종의 영
- 믿음의 영
- 예배의 영
- 진리의 영
- 언약의 영

2006년 3월 6일 월요일

사랑하는 친구들에게,
예수님이 내 생명을 구하셨어! 예수님이 우리의 생명을 구하셔서 주님의 영광을 위해 사용하시기를 원하셔. 우리는 그분께 영광을 올려드려야 해.
나를 위해 기도해 주는 모든 친구들에게 고마운 마음을 전하고 싶어. 예수님이 너희가 날 위해 기도하고 있다고 말씀해 주셨어.
너희가 예수님에 대한 믿음을 갖고 있는 것에 대해 자랑스러워 하셨어.

기도의 영

> …우리의 연약함을 도우시나니 이는
> 우리가 마땅히 기도해야 할 것을 알지 못하나
> 성령께서 친히 말할 수 없는 신음으로
> 우리를 위하여 중보하시기 때문이라(롬 8:26)

하나님은 다양한 방법을 통해서 우리에게 말씀하고 계신다는 점을 이미 앞서 밝힌 바 있다. 하지만 우리는 오직 기도를 통해서만 하나님께 말씀드릴 수 있다. 성경에 나오는 수많은 선지자와 예수님의 제자들과 같은 위대한 믿음의 선진들은 "쉬지 않고 기도했다"(살전 5:17).

복음서에도 예수님께서 기적을 행하시기 전에 항상 먼저 홀로 기도하셨다는 장면이 자주 등장한다. 기도가 우리가 하나님과 관계를 맺는 데 가장 중요한 열쇠 역할을 한다는 사실에 대해서는 그 누구도 부인할 수 없다.

많은 사람들이 기도를 어려워하지만 우리가 성령님 안에 머물러 있다면, 성령님이 우리를 위해 탄식하고 계시기 때문에, 누구를 위해 어떻게 기도해야 하는지 직접 가르쳐 주실 것이다. 우리는 단지 성령님께 민감하게 반응하는 법을 배워야 한다. 당신도 한 번쯤은 누군가가 온 종일 생각나면서 기도해야 한다는 부담감이 들었지만 실제로는 기도하지 못했던 경험이 있을 것이다. 그리고 나중에 바로 그 시간에, 그 사람이 중보가 필요한 심각한 상황에 처해 있었음을 듣고는 후회했던 경험이 있을 것이다.

어느 날, 남편과 아이들이 세쿤다에서 강연을 마친 나를 데리러 왔었는데, 그때만 해도 말을 하지 못했던 알도가 우리 가족의 오랜 친구를 위해 기도해야 한다고 적은 노트를 내게 주었다. 알도가 고집을 부려서 차를 잠시 멈추고 기도를 했다. 알도는 집으로 가는 길에 내내 눈을 감고 앉아 있었는데, 그가 영으로 기도하고 있다는 사실을 알 수 있었다. 나중에는 나의 핸드폰을 가리키며 그 친구에게 전화를 하라고 고집을 피웠지만 알도가 쓸데없이 황소고집을 피우고 있다고 생각한 나는 그의 제안을 무시했다. 며칠이 지난 후에 친구에게 안부 전화를 했다가 알도가 기도했던 바로 그 시간에 친구가 교통사고를 당해서 중보 기도가 간절히 필요했었다는 말을 듣고는 큰 충격을 받았다. 친구는 부상을 당하지는 않았지만, 그 사고로 인해 현장에서 죽은 사람들도 있었다. 알도가 우리에게 친구를 위해 중보하자고 한 그 시간에 성령께서 탄식하시며 알도를 통해 역사하셨던 것이 틀림없다.

하나님이 마태복음 7장 7절에서, "구하라 그러면 너희에게 주실 것이요 찾으라 그러면 너희가 찾을 것이요 두드리라 그리하면 너희에게 열릴 것이라"라고 말씀하시고, 21장 22절에서는, "또 기도할 때에 무엇이든지 너희가 믿고 구하는 것은 다 받으리라"라고 반복하셨다. 하나님은 두 구절에 나온 이 귀한 약속을 통해 우리에게 기도의 중요성에 대해서 말씀하고 계신다. 문제는 우리들 대부분이 "구하고, 찾고, 기도하는" 데 겨우 5분 정도밖에 시간을 할애하지 않는다는 점이다. 만약 당신이 하루 일과에 지쳐서 녹초가 된 나머지, 잠들기 5분 전에야 겨우 하나님께 기도를 드리고 있다면 아무런 응답도 받지 못할 것이다. 치유를 일으키고 산을 움직이는 기도를 드리고 영적으로 성장하기 위해서는 하나님 앞에서 잠잠히 기다리며 시간을 보내는, 삶의 일부를 헌신하는 자기 포기가 요구된다. 당신도 하나님의 축복을 받기까지 씨름했던 야곱과 같은 믿음이 필요하다. 모든 것이 빠르게 돌아가고 있는 세상 속에서 하나님 앞에 머물러 있을 시간을 찾기가 점점 어려워지는 게 사실이지만, 바로 이것이 우리와 하나님과의 관계를 방해하는 사탄의 전략임을 알아야만 한다. 우리는 보통 우리의 요구를 빨리 알려 드리고는 하나님의 평강과 기쁨을 받을 새도 없이 일어나서 나가 버릴 때가 많다. 당신의 기도를 통해 친밀한 사랑의 관계를 맺고 싶어 하시는 하나님의 애타는 마음을 무시한 채로 말이다. 기도는 당신과 하나님 사이에 직접적인 대화 창구 역할을 하며, 우리는 언제, 어디서든지 기도를 통해 하나님께 나아갈 수 있다. 어느 날 밤, 사무실에서 늦게까지 일하고 새벽 한시쯤 알도가 잘 자고 있는지 보러 갔는데 알도는 무릎을 꿇고 기도하고 있었다.

"알도, 이제 그만 자러 가야지. 내일 아침에 학교 가야 하잖니."
다소 단호하게 잠자리에 들 것을 재촉했다.

하지만 "저는 하나님의 말씀을 기다리고 있어요, 엄마"라는 알도의 대답을 듣고는 눈물을 흘리며 방을 나서야 했다. 그때서야 알도가 어렸을 때, 내가 그에게 가르쳐 준 기도하는 법이 모두 잘못되었다는 사실을 깨닫게 되었다. "하나님께 네게 필요한 게 뭔지 빨리 말씀드리고 어서 침대에 가서 자!" 이런 기도로는 절대로 하나님을 기쁘시게 해 드릴 수 없다.

하나님은 우리가 쉬지 않고 기도하기를 원하신다. 당신이 끈질기게 기도하며 하나님을 찾을 때 하나님 역시 당신을 찾아오신다. 예레미야 33장 3절에서는, "나를 부르라, 그리하면 내가 네게 응답하겠고 네가 알지 못하는 크고 능력있는 일들을 네게 보이리라"고 말씀하신다. 이 말씀을 보면 기도는 일방통행이 아님을 알 수 있다. 이제는 기도를 마친 후에 하나님의 음성을 듣기 위해 그분 앞에 머물러 있는 것이 내게는 매우 자연스럽다.

"엄마, 요즘도 저를 위해 기도하세요?" 어느 날 알도가 등굣길에 물었다.

"물론이지. 앞으로도 계속 너를 위해 기도할 거야. 왜 그런 걸 묻니?"

"제가 천국에 있었을 때 하나님이 기도하는 사람들을 도우라고 천사를 파송하는 걸 보았어요. 엄마, 제발 저를 위해 기도 많이 해 주세요."

이런 말을 들을 때마다 내 스스로 겸비하고 베드로전서 5장 5, 6절 말씀을 마음에 깊이 새긴다. "…겸손함으로 옷 입으라…이는 하나님께서 교만한 자들을 대적하시고 겸손한 자들에게 은혜를 주심이니라 그러므로 하나님의 능하신 손 아래서 겸손하라 때가 되면 그분께서 너희를 높이시리라." 말씀에 따라 나의 곧은 목을 굽히고 교만한 등을 납작 엎드리며 오직 주님만 의지할 수밖에 없는 내 자신의 연약함을 바라본다.

"리타, 기억해라. 네가 내 임재에서 벗어나는 순간 자부심과 교만의 길을 다시 걷게 된다는 사실을. 나의 임재 안에 머물 때만 너는 겸손해질 수 있다"고 하나님이 말씀하셨을 때 나는 "맞습니다, 주님. 당신의 임재 안에서 평강과 기쁨과 사랑을 찾을 수 있습니다"라고 대답할 수밖에 없다.

2005년 10월 15일 토요일

엄마가 엄마 자신을 하나님께 산 제물로 바치시지 않았다면 전 살아나지 못했을 거예요.
엄마, 제가 하나님과 항상 같이 있었다는 사실을 알고 계세요?
제가 천국에 갔을 때, 하나님이 제게 성경 말씀을 가르쳐 주셨어요.
하나님이 그분의 성령을 제 안에 불어넣어 주셔서 제가 다시
이 땅으로 돌아올 수 있었어요.
저의 천국 방문은 정말 '거룩한 휴식' 이었어요.

양자의 영

> 너희는 다시 두려워하는 종의 영을 받지 아니하였고
> 양자 되는 영을 받았으므로 그에 따라 우리가
> 아바 아버지라 부르짖느니라(롬 8:15)

우리 모두 인생을 살아가면서 한 번쯤은 버림받은 기분을 맛본 경험이 있을 것이다. 이 세상에 완전히 혼자 남겨진 것 같거나 나 한 명쯤 사라져 버려도 아무도 상관하지 않을 것 같은 고립감과 외로움을. 텅 빈 것처럼 공허한 내면을 새로 뽑은 차나, 평수 넓은 아파트, 유명 브랜드 옷이나, 값비싼 해외 여행 등으로 채워 보려고 노력도 해 보고, 사회적인 성공을 통해 사람들의 관심을 끌어서 자기만족감에 빠져보려 하지만 여전히 모든 것이 허무하기만 하다.

나 역시도 그랬다. 항상 내 자신을 꽉 채워 줄 뭔가를 찾아 헤맨 끝에 이제야 겨우 하나님의 사랑과 용납만이 나의 내면을 충만하게 채워 줄 수 있음을 알게 되었다. 지금은 내 삶을 완전히 그분께 올려 드렸고, 나는 진실로 하나님 한 분께만 속한 사람이 되었다. 하나님이 나를 용납하셨다. 하나님은 내가 교만하고 자기중심적으로 살고 있었을 때, 나를 불러 주셨다. 어둠 속에 갇힌 나를 불러서 빛 가운데로 옮겨 주셨다. 우리를 지존자의 자녀로 삼아 주신 성령님을 통하여 나는 하나님의 소유가 되었다. 그리고 내가 하나님을 실망시켜 드릴 때도 절대로 하나님은 나를 버리지 않으신다는 사실을 확신하고 있다. 나는 하나님과 하나님의 자녀들과 조화를 이루게 되었다. 성경은 하나님이 내 이름을 생명책과 그분의 손바닥에 적어 놓으셨다고 말씀하신다.

나는 자주 조쉬가 등교하기 전에, 그의 미소 띤 얼굴을 내 가슴에 묻은 채, 다섯 살배기 작은 손을 끌어당겨 하나님과 동일하게 그의 이름을 손바닥에 적어 준다. "이걸 볼 때마다 내가 너를 얼마나 사랑하는지, 그리고 온 종일 너만 생각한다는 것을 기억하렴" 하고 말해 주곤 한다.

우리가 하나님께 속해 있다는 사실을 아는 기쁨에는 그에 따른 책임도 따른다. 우리는 거룩한 삶을 살아야만 한다. 에베소서 1장 4, 5절은 이에 대해 명백하게 밝히고 있다.

"하나님께서 세상의 기초를 놓으시기 이전에 우리로 사랑 안에서 그분 앞에 거룩하고 흠 없게 하시려고 그리스도 안에서 우리를 택하시어 하나님의 기쁘신 뜻에 따라 예수 그리스도를 통하여 우리를 자신의 자녀로 입양할 것을 예정하셨으니"

이 말씀은 우리가 은혜로 구원받았고 예수 그리스도의 십자가의 공로로 하나님의 자녀가 되었다는 점을 명백하게 밝혀 준다.

당신이 아직도 당신 삶의 주인 노릇을 하고 있다면, 당신은 하나님께 속한 사람이라고 말할 수 없다! 당신 자신을 산 제물로 하나님께 드려야만 한다. 마태복음 16장 24, 25절에서는 "…누구든지 나를 따라오려거든 자기를 부인하고 자기 십자가를 지고 나를 따르라 누구든지 자기 생명을 구하고자 하면 잃을 것이요 누구든지 나를 위하여 자기 생명을 잃으면 얻으리라"고 말씀하신다. 우리가 이 땅에서 붙들고 있는 모든 것을 포기하는 것이 하나님의 상속자가 되기 위한 필수 선행 조건이다. 내 아들 알도와 함께 하나님을 새로 알아가기 시작하면서 그동안 내가 하나님을 섬겨 왔던 모든 방식과 기독교 교리를 전부 포기해야만 했다. 당신의 힘으로 살 수 있다고 믿는 한, 당신은 절대로 오순절의 온전한 축복을 받지 못할 것이다. 당신의 감정과, 생각과, 마음과, 그 무엇보다도 당신의 뜻을 내려놓아야만 한다. 그런 후에야 하나님께서 당신을 성령님으로 충만하게 채우신다. 그러면 당신은 성령님 안에서 살 수 있게 된다. 당신의 뜻을 내려놓겠다는 선택은 당신의 일생을 바꿀 수 있는 아주 근본적인 선택이며, 쉽지는 않지만 이런 자기희생의 대가로 우리는 영생을 얻게 된다.

사고 후에, 나는 내 삶의 그 어떤 것도 하나님께 드리지 못할 만큼 귀한 것은 없다는 사실을 깨달았다. 하나님은 때때로 삶 속에서의 문제를 통해 우리의 삶을 기꺼이 하나님께 바칠 수 있는 환경으로 이끄신다. 우리가 이렇게 완전히 하나님께 '항복할 때'만 우리는 세상에서 그분의 수족 노릇을 할 수 있게 된다. 하나님은 나를 통해 일하시지만 나의 힘과 능력을 의지하지 않고 그분의 일을 그분의 능력으로 이루어 가신다. 내가 그리스도 안에서 거듭났을 때, 성령님을 통하여 내 안에 불멸의 믿음의 씨가 심겨졌기 때문이다.

하나님은 매일 우리에게 그분의 사랑의 깊이에 대해, 또한 그분이 우리를 용납하신다는 사실을 알려 주신다.

우리 가족은 매일 저녁 식사 시간에 그날 경험한 하나님의 사랑을 각자 나누는 새로운 전통을 만들었다. 이 나눔을 시작한 후로 우리는 일상사에서 나타나신 하나님의 사랑의 증거를 찾는 즐거움을 알게 되었고, 요즘은 하나님의 선하심을 각자 간증하느라 음식이 식는 것도 모를 정도다.

당신이 성령님 안에 머물 때, 당신이 처한 문제에서 자유하게 되고, 하나님의 사랑과 용납하심에 초점을 맞추게 된다.

2007년 1월 23일 화요일

예수님이 예수님의 말씀을 증거하시기 위해 우리를 사용하실 거예요.
우리가 함께 하나님의 영광을 보게 될 거예요.
엄마, 만나는 사람마다 예수님이 살아 계신다고 전하셔야 해요!
하나님의 영광을 보기 원하시지요? 그렇다면 하나님처럼 거룩하셔야 해요.
하나님의 음성에 순종할 때 엄마 입에 적당한 말을 넣어 주실 거예요.

순종의 영

> 곧 하나님 아버지의 미리 아심을 따라 성령의
> 거룩케 하심을 통하여 순종함과 예수 그리스도의 피 뿌림으로
> 택함받은 자들에게 편지하노니 은혜와 평강이
> 너희에게 충만할지어다(벧전 1:2)

하나님을 당신의 마음속의 보좌에 앉게 해 드리고 당신의 삶의 주도권을 그분께 양도하는 것은, 쉽게 번복할 수 있는 감정적이고 충동적인 결정이 아니다. 이는 하나님께 온전한 항복을 의미한다. 이러한 결정의 함축된 의미 중의 하나는 당신이 하나님께 순종하기로 결정했다는 것이다. 그것이 바로 하나님께서 우리에게 원하시는 행동이다. 하나님은 우리가 모든 부분에서 순종하기를 원하신다. 당신이 누군가를 기쁘게 하고 있으면서 당신의 삶에 오직 한 부분만을 하나님께 순종할 수는 없다. 하나님께는 전부 드리는 것이 아니면 아무런 의미가 없다. 하나님과의 관계에 회색지대는 존재하지 않는다.

사무엘상 15장 22절에 순종에 대한 하나님의 단호한 생각이 잘 표현되어 있다.

"주께서 번제와 희생제를 주의 음성에 복종하는 것만큼 크게 기뻐하시나이까 보소서 복종하는 것이 희생제물보다 낫고 경청하는 것이 숫양의 기름보다 낫나이다"

나는 이 가르침을 배우기 위해 많은 대가를 치러야만 했다. 하나님을 섬기기는 했지만 완전히 항복하지 못했기에, 내 삶을 완전히 복종시키는 것을 배우기 위해 비극을 경험해야만 했다. 먼저, 내 아이의 산산조각이 난 육체를 팔에 안아야 했고, 내 힘으로 하나님의 뜻을 이루려는 모든 노력을 중단하고 나서야 알도의 절뚝거리는 걸음을 받아들이고 함께 사는 법을 배우게 되었다. 일단 당신의 삶에 하나님이 얼마나 필요한지를 절실하게 깨닫고 당신이 하나님께 필사적으로 의지하게 되면, 하나님께 순종하기가 훨씬 쉬워진다.

나는 평생을 하나님에 대한 두려움 때문에 그분께 순종하고자 노력했었다. 내가 실수하면 하나님이 나를 벌주실 것 같아서, 그게 두려워서 바르게 살려고 했을 뿐, 하나님께 순종하는 것을 원하지는 않았다. 이제야 하나님께 순종하는 것이 바로 그분을 사랑하는 것이란 사실을 알게 되었다. 예수님께서는 요한복음 14장 21절에서 "나의 계명들을 가지고 그것들을 지키는 사람은 나를 사랑하는 사람이니 나를 사랑하는 사람은 나의 아버지께 사랑을 받으리라 또 나도 그를 사랑하여 그 사람에게 나 자신을 나타내리라"라고 하셨다.

수많은 하나님의 소중한 자녀들이 그들과 하나님과의 관계가 침체되었다고 느낀다. 당신 역시 하나님과의 관계에 문제가 있다고 느낀다면, 나는 당신에게 더욱 하나님께 순종하라고 도전하고 싶다. 당신이 먼저 하나님께 순종할 때 하나님께서 그분을 새로운 방법으로 당신께 드러내실 것이다.

당신은 나에게, "당신은 선택의 여지가 없었으니까 이런 말을 할 수 있죠. 그런 상황에서는 하나님께 순종하고 그분만을 따르기로 결정하는 게 당연하지 않나요? 당신은 그저 최악의 상황에서 최선을 다하고 있을 뿐이에요"라고 말할 수도 있다. 하지만 이것은 사실이 아니다. 나는 행복과 불행은 환경과는 거의 상관이 없음을 발견했다. 우리에게 주어진 모든 환경을 통하여 우리는 하나님을 사랑하고 순종하고 알아가는 것뿐이다.

성경은 우리가 하나님의 아들과 함께 하늘의 유산을 이어받을 공동 상속자라고 말씀하신다. 따라서 예수님이 하나님께 보여 드린 동일한 순종의 수준을 하나님이 우리에게 기대하고 계신 것은 당연한 일이다. 빌립보서 2장 8절에 하나님께 순종하는 종으로서의 예수님의 모습이 잘 나타나 있다.

> "사람과 같은 모양으로 나타나셔서 자신을 낮추시고 죽음에까지 순종하셨으니 십자기의 죽음에까지라"

하나님께서 원하시는 대로 우리는
거룩한 삶을 살아야 해요.
거룩한 삶을 살 때, 하나님의 능력이
나타나는 것을 보게 될 거예요.
예수님의 다시 오심을 준비하세요.
저는 삼손처럼 하나님께 순종할 거예요.
우리가 하나님의 보좌 앞에 서는 그날에
무슨 말씀을 드릴 수 있을지 생각해 보세요.
저는 다시 천국으로 돌아가고 싶은 생각 뿐이에요.

2006년 7월 24일 월요일

하나님이 어려움에 처한 당신을 구해 주실 거예요.
하나님은 당신을 무척 사랑하십니다.
그 사랑에 대한 보답으로 우리는 그저 우리의 삶을 드리기만 하면 돼요.
하나님이 당신을 사랑하셔서 그분의 독생자를 당신을 위해 보내셨어요.
하나님이 당신의 상황을 변화시켜 주실 거예요.
당신에게 필요한 것은 오직 그분에 대한 믿음 뿐이에요.
당신의 삶을 하나님께 완전히 열어서 보여 드리세요.
하나님이 길을 보여 주실 거예요.
하나님이 원하시는 모습, 자신의 목숨을 버리시면서까지 회복시키고자 했던 당신의 그 모습을 회복하세요.
하나님을 믿으시고 예수님이 살아 계신다는 사실을 기억하세요!
나는 그분을 천국에서 보았어요. 나는 오직 그분만을 위해 살아갑니다.

믿음의 영

똑같은 믿음의 영을 가졌기에 기록된 바
내가 믿었으므로 말하였노라 한 것과 같이 우리도 역시
믿으므로 말하였노라(고후 4:13)

내 생애 최고의 순간 중의 하나는 알도로부터 하나님이 알도를 다시 살려 주신 얘기를 들었을 때다. "내가 죽었는데 하나님이 생기를 제게 다시 불어넣어 주시자 그 즉시로 제가 다시 살게 되었어요." 나는 숨을 쉬고는 있지만 영적으로 죽어 있는 사람들을 볼 때마다 알도의 얘기를 깊이 생각해 보고는 한다.

당신이 거듭나는 순간, 하나님은 태초에 인간을 창조하시고 그의 코에 생기를 불어넣어 주신 것처럼 당신의 코에 믿음의 영을 불어넣어 주신다. 바로 이 '루아(Ruah: 하나님의 생기라는 뜻의 히브리어)'가 생명을 주는 것이다!

사고 이후, 믿음의 능력에 대해 감사하게 되었다. 하나님이 알도를 치유하시겠다고 하신 그 약속을 굳건하게 믿고 내 행위가 그 말씀에 위배되지 않도록 의지적으로 그분의 약속에 모든 시선을 집중하고 있다. 우리가 믿음으로 가득하게 될 때, 사탄은 우리가 자신의 운명에 치명적인 존재가 된다는 사실을 그 누구보다 잘 알고 있기 때문에 가능하면 우리의 시선을 우리가 처한 문제에 고정시켜서 두려움에 사로잡히도록 조종한다. 이러한 일이 실제로 내게도 일어난 적이 있는데, 사람들이 '언제까지 알도의 상태를 현실로 인정하지 않고 외면할 것이냐?'라고 질문했을 때였다. 나는 내가 죽을 때까지 하나님께서 치유하실 것이라는 믿음을 잃지 않을 것이라고 대답했다. 나는 오직 이 믿음만이 하나님을 기쁘시게 해 드린다는 사실을 잘 알고 있기 때문에 절대로 이 믿음을 저버리지 않을 것이다.

사탄은 아직도 두려움과 불신으로 나를 공격하고 있지만, 이제는 그의 정체를 쉽게 파악하는 법을 배웠다. 사탄은 주로 내 주변 사람 특히 나와 친한 사람을 통해 역사하는데, 이럴 때마다 고린도후서 5장 7절, "우리가 보는 것으로 사는 게 아니라 믿음으로 산다"는 말씀을 묵상하며 상황을 영적으로 분별하려고 한다. 아브라함처럼 나 역시 소망 없는 것에 소망을 두며 약속을 받을 것이다. 믿음은 당신의 마음으로 보는 것이며, 우리 육신의 눈으로 볼 수 없는 것이 실재한다고 믿는 것이다. 내가 하나님의 보좌 옆에 있었을 때 하나님이 내 마음의 눈에 알도가 이떻게 보이는지 물어보셨다. 다른 엄마들과 마찬가지로, 나 역시 내 아들 알도가 건강한 몸으로 친구들과 축구 경기를 하는, 평범하지만 행복해하는 모습을 그렸다. 하지만 하나님은 다른 생각이 있으셨다.

"내가 상상하고 구한 것 이상의 것을 네게 주겠다."

누군가 나에게 믿음에 대해서 묻는다면, '미래를 잘 알지 못하더라도 기꺼이 하나님을 신뢰하는 것'이라고 대답하겠다. 믿음은 "어떤 상황에서도 오직 주님만을 신뢰하겠습니다"라고 말하는 것과 같다. 이런 선언을 하는 것이 결코 쉽지는 않다. 어느 날 뜬금없이 알도가, "엄마, 만약 오늘 예수님이 다시 돌아오신다면 예수님이 이 땅에서 한 사람이라도 믿음의 사람을 찾으실 수 있을까요?" 하고 물었다.

알도의 상태가 점점 좋아지고 있다는 가장 작은 신호를 발견할 때마다 나의 믿음은 더 강해지며 하나님께 찬양을 올려 드린다. 모든 위대한 일은 바로 작은 일에서부터 시작되기 때문이다.

> 우리는 점점 더 아름다운 하나님의
> 신부로 변해가고 있나요?
> 엄마, 하나님을 기다리는 법을
> 제게 가르쳐 주세요.
> 하나님의 시간에 저를 고치실 거예요.

2005년 12월 29일 목요일

예수님이 제가 전 세계를 다니며 예수님에 대해 증거하게 될 것이라고 말씀하셨어요.

예수님은 저를 정말 사랑하세요. 예수님은 여러분 한 명 한 명 역시 사랑하세요.

예수님은 조쉬를 사랑하세요. 고마워요, 주님. 제 생명을 살려 주셔서.

예수님의 이름을 찬양합니다! 예수님, 당신의 이름을 높여 드립니다.

예배의 영

하나님은 한 영이시니
그분께 경배드리는 자들은
영과 진리로 경배드려야만 하리라(요 4:24)

하나님의 성령님이 당신 안에 거하실 때, 하나님께 예배드리고 싶은 강력한 욕구가 생긴다. 예배드린다는 것이 다소 추상적으로 들리지만 예배를 통해서 하나님에 대한 사랑과 깊은 경외감을 표현할 수 있다. 하나님을 올려 드리고, 제사를 드리고, 찬양하는 것이 모두 예배에 포함된다. 이런 모든 행위는 100% 하나님 중심으로만 이루어져야 하기 때문에, 당신의 자아가 완전히 죽기 전까지는 하나님께 진정으로 예배드릴 수가 없다. 더 이상 당신의 자아가 살아 있지 않을 때, 성령께서 당신을 예배 가운데로 인도하신다.

우리는 영적 영역에서 악한 영과 대적해서 싸울 힘을 얻기 위해서 매일 하나님께 예배를 드려야만 한다(엡 6:12). 우리가 영으로 하나님께 예배드릴 때, 육신으로는 절대로 하나님을 기쁘시게 해 드릴 수 없는 방법으로 하나님을 찬양할 수 있게 된다.

역대하 20장에서 유다는 주변국과 전투를 치러야 하는 상황이었지만, 전쟁 무기를 손질하는 대신에 찬양과 경배를 올려 드리는 장면이 나온다. 선지자는 계속해서 백성에게, "두려워 말고 놀라지 말라…이 싸움이 너희에게 속한 것이 아니라 하나님께 속하였음이라"고 말하며, 이에 대한 백성의 반응이 18, 19, 21절에 나온다. "…온 유다와 예루살렘 거민도 주 앞에 엎드려 주를 경배하였으며…서서 큰 소리로 이스라엘의 주 하나님을 높이 찬양하더라…거룩함의 아름다움을 찬양하여 주를 찬양하라 그의 자비는 영원히 지속됨이라라고 말하게 하였더라."

우리가 여기서 주목해야 할 부분은 그들이 기뻐하고 있다는 점인데, 그들은 하나님이 그들을 원수들로부터 구해 주셨다는 사실에 대해서가 아니라 하나님의 하나님 되심에 대해 기뻐했다. 사랑이 많으시고 자비로우신 하나님의 성품을 찬양한다. 이것이 바로 하나님을 경배하는 데 필요한 핵심 열쇠다. 우리는 하나님 자체 즉, 하나님의 하나님 되심에 대해 찬양해야 한다. 우리가 하나님만을 주목할 때, 주변에 문제가 있거나, 상황이 원하는 대로 돌아가지 않아도 하나님을 찬양할 수 있다. 당신에게 닥쳐온 인생의 문제들을 더 이상 스스로는 감당할 수 없다고 느낄 때가 바로 이 모든 상황을 주관하고 계신 하나님께 경배해야 할 때인 것이다. 몸이 아플 때는 치유자 되시는 하나님을 찬양하라. 재정적으로 어려움에 처해 있을 때는 공급자 되시는 하나님을 찬양하라. 당신이 어떠한 상황에 처해 있든지 간에 당신을 사랑하셔서 그분의 생명을 주신 것에 대해 먼저 찬양하라. 그로 인해 하나님이 우리를 아직 포기하지 않으셨고, 성령님을 우리에게 보내 주셔서 우리를 진리 가운데로 인도해 주셨으며, 무엇보다도 우리의 생명이 사망에서 영생으로 옮겨졌음을 배우게 될 것이다.

하나님의 성품에 대해 찬양하는 것이 예배의 핵심이며, 이렇게 예배드릴 때 그 무엇보다도 하나님께 더 가까이 가게 될 것이다. 당신이 영으로 예배드릴 때 오직 그분께만 마음을 집중시키면, 그분의 영광이 소중한 결혼 예복처럼 당신 위에 내려앉으신다. 하나님의 영광이 당신을 완전히 감싸 안은 모습을 육신의 눈으로 볼 수만 있다면 불이 당신 주위를 둘러싸고 있는 것처럼 보일 것이다. 이러한 하나님의 영광을 경험하기 위해서는 그 무엇보다도 오직 이러한 경험만을 전심으로 갈망해야 한다.

어느 날 밤에 묵상을 하고 있는데, 하나님이 찬양의 제사를 올려 드리라고 명하셨다. 나의 왕 되신 주님께 단 한 번도 찬양의 제사를 드린 적이 없다는 것을 깨닫자 내 눈에서 뜨거운 눈물이 볼을 타고 흘러내리기 시작했다. 그분 앞에 엎드리기에는 너무나 뻣뻣하게 굳어 있는 내 등과, 남의 시선 때문에 큰 소리로 하나님께 감사를 올려드리지도 못한 위선적인 내 모습이 너무나 확연하게 보였기 때문이다. 하나님이 우리의 찬양과 감사를 즐겨 받으신다는 사실이 누가복음 19장 40절에 잘 나타나 있다. "…이 사람들이 침묵을 지킨다면 돌들이 즉시 소리를 지르리라".

이 글을 읽는 독자들에게 예배에 대한 모든 선입견과 지식을 버리고 새로운 예배를 올려 드리라고 강력하게 권하고 싶다. 하나님 앞에 엎드려서 우리의 손을 올리고 천사들과 함께 소리쳐 보자. "거룩 거룩 거룩 전능하신 하나님…"(계 4:8).

하나님은 신령과 진정이 가득한 예배를 받으시기에 합당하신 분이다!

2006년 9월 12일 화요일

예수님이 우리에게 다시 돌아오실 그날을 준비해야 해요.
그날이 우리가 생각하는 것보다 훨씬 가까워요.
예수님을 당신의 구세주로 영접하지 않으시겠어요?
영접하지 않는다면 당신은 지옥에 갈 수밖에 없어요.
아직 기회가 있을 때 빨리 영접하세요.
예수님이 이미 우리를 위해 필요한 대가를 다 치르셨어요.
예수님이 저에게 천국과 지옥에 관한 모든 것을 다 보여 주셨어요.
여러분도 지옥을 보았다면 절대로 그곳에 가고 싶지 않을 거예요.
제발, 제 말을 믿으세요!
제발, 예수님을 여러분의 구세주로 지금 당장 영접하세요.
예수님은 정말 여러분을 사랑하세요. 제 말을 믿으세요.
여러분에게 이 말씀을 전하라고 예수님이 다시 저를 이 땅으로 보내셨어요.
저는 다시 오고 싶지 않았지만 여러분을 예수님의 다시 오심에 준비시키기 위해서 저를 다시 보내신 거예요.

진리의 영

내가 아버지께로부터 너희에게 보낼 위로자,
곧 아버지께로부터 나오시는 진리의 영이 오시면
그가 나에 관하여 증거하시리라(요 15:26)

우리가 예수님을 우리 개인의 구세주로 영접하는 순간부터 하나님은 우리가 진리의 삶을 살아가게 되기를 기대하신다. '진리'는 하나님의 본성을 표현하는 여러 가지 특징 중의 하나이기 때문이다. 예수님은 요한복음 14장 6절에서 진리가 그분의 이름 중의 하나라고 선포하신다.

"나는 길이요 진리요 생명이라 나로 말미암지 않고는 아버지께로 올 사람이 아무도 없느니라"

따라서 만약 우리가 하나님의 자녀라면, 우리가 하는 모든 일을 통해 진리가 드러나야 한다. 진리의 원형이신 하나님을 대적한 사탄이 "… 거짓말쟁이요 또 거짓말의 아비이기 때문이라"고 불리는 이유가 여기 있다. 당신이 '하얀 거짓말'이나 무심코 거짓말을 할 때도, 사탄과 동역한다는 사실을 명심해야 한다.

진리의 영은 인생 가운데 맞닥뜨린 어려운 문제로 인해 고통을 겪고 있는 사람들을 상담해 줄 때도 역사하신다. 우리 인간은 문제에 대한 해답을 갖고 있지 않기 때문에 다른 사람에게 조언을 해 주는 데 한계가 있다. 이럴 때 진리의 성령께서 우리 입에 올바른 말을 넣어 주신다.

"너희 중에 누가 지혜가 부족하면 모든 사람에게 아낌없이 주시고 꾸짖지 아니하시는 하나님께 구하라 그러면 그분께서 주실 것이라"(약 1:5)

진리의 영은 우리가 성경을 읽을 때 큰 도움을 주신다. 때때로 이해하기 어려운 성경 구절을 읽었을 때, 특별한 성경 구절을 통해 우리에게 말씀하시려는 하나님의 뜻을 깨닫기 어려울 때, 혹은 우리의 삶에 어떻게 적용시켜야 할지 모를 때 진리의 성령님이 우리의 마음을 여시고 지혜를 주셔서 말씀을 이해하게 해 달라고 기도해야 한다. 시편의 저자도 시편 25편 5절에서 동일한 기도를 했다. "주의 진리로 나를 인도하시고…" 성경은 하나님의 말씀은 진리이므로 우리가 믿을 수 있다고 여러 번 강조하신다.

"아버지의 진리로 그들을 거룩하게 하여 주옵소서 아버지의 말씀은 진리니이다"(요 17:17)

따라서 만약 우리가 성경 말씀대로 살고 있다면 진리가 우리 안에 살아 계신다는 사실을 확신해야 한다.

그러나 진리는 아픔을 가져올 수도 있다. 진리의 영이 우리 안에 은밀한 죄를 드러내시거나 우리의 연약함을 보여 주실 때는 고통스럽다. 그러한 상황을 피하고 싶더라도 일단 우리 자신을 정직하게 수용하고 나면 우리의 연약함을 고백하게 된다. 그 순간 의의 삶으로 우리를 인도하시는 진리의 영이 우리를 하나님께 더 가까이 이끄시고 그분의 영광의 불이 모든 가식과 거짓을 지푸라기처럼 태워 주신다. 예수님이 요한복음 8장 32절에서 말씀하신 내용이 바로 이것과 관련된 말씀이다.

"…진리를 알게 되리니 그 진리가 **너희를 자유롭게 하리라**"

진리 안에 산다는 것은 단순히 거짓말을 하지 않는 것보다 더 복잡한데, 요한복음 14장 17절에 잘 설명되어 있다. "진리의 영인 그를 세상은 영접할 수 없으니 이는 세상이 그를 보지도 못하며 또한 알지 못하기 때문이라 그러나 너희는 그를 아나니 이는 그가 너희와 함께 거하시며 또 너희 안에 계실 것임이라." 이 말씀을 통해 진리 안에 산다는 것은 단 하나의 예외도 없이 진리를 완벽하게 받아들이는 것임을 알 수 있다. 만약 당신이 당신의 삶의 어떤 부분에 대해 수용하기를 거부한다면, 당신은 진리 안에 살고 있다고 보기 어렵다. 당신의 결혼 생활이 실제로는 이혼의 위기에 빠져 있으면서도 행복한 척하고 있다면 당신은 진리 안에 사는 것이 아니다. 당신의 결혼 생활의 문제점을 빨리 찾아낼수록 문제의 해결책 역시 신속하게 얻을 수 있을 것이다. 당신이 친구의 사과를 받고나서도 여전히 친구에게 화를 내고 있다면, 당신은 진리 안에 살고 있지 않는 것이다. 당신이 친구로부터 입은 마음의 상처가 아프다는 사실을 인정할 때까지, 당신은 절대로 그 친구를 용서할 수 없고 분노를 이겨 낼 수도 없다. 태연한 척 행동하며 여러 사람을 속일 수는 있으나, 하나님의 진리의 영을 속일 수는 없다. 진리의 영은 당신 안에 있는 모든 거짓과 속임수를 찾아낼 것이다.

말씀을 통해 하나님을 알게 될수록 하나님의 은혜에 감사하는 삶을 살지 않을 수 없는데, 에베소서 2장 8절에 우리가 믿음을 통하여 은혜로 구원을 받았다는 사실이 잘 나타나 있다.

'은혜'라는 개념은 현대인들이 이해하기에는 다소 어렵다. 우리는 전능하신 하나님이 왜 우리의 죄를 용서하시고 우리를 받아 주셨는지 이해하기가 어렵다. 이 은혜가 바로 받을 자격이 없는 인간에 대한 하나님의 사랑의 증표다. 하나님의 은혜로 인하여 우리는 영원한 형벌에서 구속함을 받았으며, 우리가 죄를 고백하면 우리의 죄를 용서해 주시고, 어려움 가운데서 구해 주시며, 하나님께서 우리를 통해 이루시려는 뜻을 성취하실 수 있도록 도와주신다. 나는 알도의 상태만 호전시킬 수 있다면 무엇이든 할 수 있다고 믿었고, 실제로 많은 일을 시도했었다. 그 수많은 시도에서 아무 열매도 거두지 못한 채 지쳐 쓰러질 때면 고린도후서에 바울 사도가 쓴 은혜의 영을 통해 위로를 받고는 했다.

"내 은혜가 네게 충분하도다 이는 내 능력이 약한 데서 온전하게 됨이니라…"(고후 12:9)

2007년 2월 21일 수요일

수많은 주님의 자녀들이 나처럼 하나님의 신부가 될 거예요.

하나님이 그분의 신부들이 해야 할 말을 직접 가르치시고, 예수님의 다시 오심에 그녀들을 준비시키실 거예요.

신부들이 동서남북 사방에서 모여들 거예요. 예수님이 오실 때 신부들이 준비되는 것이 하나님의 뜻이에요.

엄마, 신부들에게 경고하세요. 신부들이 직접 선택해야만 해요.

언약의 영

또한 그분은 우리로 새 언약의 능력 있는 일꾼이
되게 하셨는데 이는 법문으로 한 것이 아니고 영으로
한 것이니 법문은 죽이고 영은 생명을 주기 때문이라 (고후 3:6)

내가 가장 좋아하는 성령님의 특징 중의 하나는 예수 그리스도 안에서 맺어진 언약의 생명이다. 예수님과 예수님의 십자가의 속죄가 아니었다면 나는 현세나 내세에 아무런 소망이 없었을 뻔했다. 언약의 영은 이 사실에 대해 지속적으로 나에게 생각나게 하며 하나님과 나의 관계를 늘 새롭게 하고 확인시켜 주신다. 예수님의 피가 나의 모든 죄와 불의에서 나를 씻어 주신다.

우리가 거룩한 성찬식에 참여할 때마다, 하나님과의 언약을 갱신하는 것이다. 빵과 포도주의 신성한 의미가 예수님의 피와 살이라는 사실을 우리는 너무나 자주 잊어버린다. 우리가 먹는 빵이 예수 그리스도의 살이란 사실을 믿을 때, 그분의 살이 우리의 허기를 채워 주시고, 그분의 피와 같은 포도주를 마시면 우리의 목마름이 해소된다. 예수님이 요한복음 6장 55, 56절에서, "이는 내 살은 참된 양식이요 내 피는 참된 음료임이라 내 살을 먹고 내 피를 마시는 자는 내 안에 거하며 나도 그 사람 안에 거하느니라"라고 하셨기 때문이다.

이것이 내가 하나님과 맺은 피의 언약이다. 예수님이 내가 죄의 형벌에서 벗어나 풍성한 생명을 받을 수 있도록 내 죄를 대신 담당하셨기 때문이다.

나는 빵을 먹을 때마다 내 삶의 주도권을 포기하고 자아를 죽이기로 결정하고, 포도주를 마실 때마다 그리스도 안에서 새 생명을 살기로 선택한다. 언약의 영은 내가 영원한 생명을 가질 수 있도록 예수님께서 충분한 대가를 치르셨음을 기억나게 하신다.

성찬식 테이블 앞은 내가 여전히 하나님과 올바른 관계 안에 서 있는지 내 마음을 점검해 볼 수 있는 최적의 장소다. 이곳이 바로 내가 죄를 고백하고, 용서와 치유를 받을 수 있는 곳이다. 다시 정리하자면 성찬식은 나를 다시 어린양의 보혈로 덮어서 하나님의 눈에 내가 아닌 오직 예수님의 보혈만 보이도록 예수님을 통하여 나와 하나님과의 관계를 다시 회복시키는 의식이다.

하지만 언약의 관계 안에서 사는 것은 성찬식이나 죽은 후의 영생의 문제와만 관계된 것이 아니다. 내가 이 땅에 사는 동안 어떤 모습으로 살아갈 것인지에 대해서도 깊은 관련이 있다. 만약 당신이 진정으로 언약 관계를 인식하고 살아간다면, 하나님과의 언약 관계가 당신 삶 전체에 영향을 미치게 될 것이다. 예를 들어 당신이 사업가라면, 더 이상 사업하면서 뇌물을 주고받지 못하게 될 것이다. 마찬가지로 결혼 생활에서 외도를 하고 있으면서 하나님과 언약 관계 안에 살고 있다고 주장할 수는 없을 것이다!

 이것은 정말로 심각한 문제다! 하나님이 히브리서 10장 29~31절에서 언약을 무시하는 사람들에 대해 어떻게 말씀하셨는지 주의 깊게 볼 필요가 있다.

"하물며 하나님의 아들을 발아래 짓밟고 또 자신을 거룩케 한 그 언약의 피를 거룩하지 아니한 것으로 간주하고 또 그 은혜의 영을 모욕하는 자가 얼마나 더 심한 형벌을 받아야 마땅한지 생각하라 이는 원수 갚는 것이 내게 있으니 내가 갚으리라 주가 말하노라 하셨고, 또 다시 주께서 자기 백성을 심판하시리라고 말씀하신 그분을 우리가 알기 때문이니 살아 계신 하나님의 손 안으로 떨어지는 것은 두려운 일이라"

2007년 4월 1일

예수님, 사랑해요.
우리에게 책을 쓰라고 하셨고
우리는 순종했어요.
하나님의 보혈과 말씀이 우리를
자유하게 해 주셨어요.
하나님은 당신이 믿음을
가지길 원하세요.
세상의 것과 기적에
당신의 마음을 뺏기지 마세요.
하나님이 이 책에 생기를 불어넣으시고,
여러분이 이 책을 읽을 때
하나님의 성령이
당신에게 길을 보여 주시고,
당신을 사랑하신다는 걸 느끼게 할 거예요.
하나님, 사랑해요.
성령님, 사랑해요.

2007년 2월 23일 금요일

엄마, 우리가 천국에서 다시 함께 지낼 수 있다는 걸 아세요?
천국에서는 절대로 아프지 않을 거예요!
그곳에서 하나님은 보좌에 앉아 계시고 아들 되신 예수님은 보좌 우편에 앉아 계시죠.
예수님은 다시 오셔서 그분의 신부들을 데려가고 싶어 하시지만 신부들이 아직 준비가 되어 있지 않아요.
하나님의 신부들은 거룩하기 때문에 신부 된 우리들은 더 이상 죄를 지어서는 안 돼요.
엄마, 사람들에게 지금 우리의 모습이 계시록에 나오는 라오디게아 교회와 같다고 말해 주세요.
하나님의 심판이 하나님을 받아들이지 않는 모든 사람들에게 임할 거예요.

하나님께 돌아가기

내가 네 행위를 아노니 네가 차지도 아니하고 덥지도 아니하도다
나는 네가 차든지 덥든지 하기를 원하노라
네가 그처럼 미지근하여 차지도 아니하고 덥지도 아니하기 때문에
내가 너를 내 입에서 토해 내겠노라(계 3:15~16)

어느 날 저녁, 오랜만에 온 가족이 외식을 하고 있었는데 갑자기 알도가 "엄마, 우리 모두 라오디게아 교회와 같다고 사람들에게 말씀하셔야 해요"라고 이야기했다.

"무슨 소리야?" 하고 남편이 묻길래,

"계시록에 나오는 일곱 교회 중 마지막 교회 말이예요"라고 내가 설명해 주었다.

알도는 위의 성경 구절을 인용하며 라오디게아 교회에 대한 이야기를 계속해 나갔다.

그날 밤 이후로 알도는 우리(현재 교회의 모습)가 라오디게아 교회와 같은 모습이란 사실을 세상이 들어야 한다고 자주 주장한다. 나는 이 기회를 빌려 미지근한 우리의 모습에 대해 몇 가지를 지적하고 책을 마치고자 한다.

당신을 가장 잘 알고 있는 분은 오직 하나님 한 분뿐이다. 그분은 당신의 생각 하나하나를 다 읽고 계시고, 당신이 고군분투하고 있는 문제와 이유까지도 다 파악하고 계신다. 왜 당신이 항상 사람들을 기쁘게 하려고 노력하는지 그 숨은 동기까지도 다 알고 계신다. 당신 혼자 있을 때도 주님은 당신을 보고 계신다. 당신의 위선적인 행동, 즉 가정에서 남편과 자녀들에게 대하는 행동과 다른 사람들의 시선을 의식해서 하는 행동이 다르다는 것까지도 주목하고 계신다. 하나님에게서 숨길 수 있는 것은 아무것도 없다.

그분은 당신의 마음의 숨은 동기를 잘 알고 계신다. 또한 당신이 하나님을 더 깊게 사랑하고 싶어 하는 마음으로 하나님을 찾고 있다는 사실까지도 알고 계신다. 그분이 바로 당신을 이렇게 하나님만을 갈망하도록 창조하셨기 때문이다. 하나님은 마치 우리가 투명한 유리로 만들어진 피조물인 것처럼 우리를 구석구석 다 보고 계신다.

위의 계시록 말씀을 나는 다음과 같이 다시 풀어 써 보았다. "라오디게아 교회, 너는 줏대 없고 쓸모없는 떼거지들이다! 하나님을 섬기고 싶다면서 맘몬 역시 포기하지 못하고 있구나. 필요할 때만 십일조 하고, 다른 사람들에게 믿음이 좋게 보이려고 주일은 꼬박꼬박 지키고는 있지. 너는 종교적이고, 하나님에게 초점을 맞추는 게 아니라 인권이라든가 관용과 같은 근사한 대의명분이 있을 때만 사람을 돕지. 너는 항상 세상의 쾌락을 찾아 헤매고 있으면서도, 날 위해 쏟는 그 알량한 시간을 뇌물처럼 나에게 주며 원하는 걸 얻으려고 하지. 너는 자기중심적이고 변화를 원하지 않아."

나는 사람들이, "이게 나야, 이런 나를 받아들이든지 아니면 떠나든지 마음대로 해"라고 자신을 변명하는 소리를 자주 들었다.

만약 당신이 하나님께 이런 말을 한다면, 그분의 대답은, "내가 너를 내 입에서 토해 내겠노라!"가 될 것이다.

하나님께서 오늘 우리에게 주시는 메시지는 라오디게아 교회에 주신 말씀과 동일하다. 미지근한 물은 아무짝에도 쓸모가 없다. 냉수는 갈증이라도 해소시켜 주고, 펄펄 끓는 물은 난방에라도 이용할 수 있지만, 미지근한 물은 아무 소용이 없다. 우리는 하나님을 위해 끓는 물이 되어야 한다. 사실 하나님의 선하심과 기쁨으로 인해 우리가 절절 끓어야 마땅하지 않은가! 그런데 교회는 오히려 예수님을 위해 펄펄 끓어오르는 성도들, 예수님께 완전히 미쳐버린, 세상이 감당하지 못하는 사람들에게 눈살을 찌푸리고 있는 것이 현실이다.

경계하라! 하나님을 섬기는 데 회색지대는 없다! 하나님은 위선자를 증오하신다! 그분은 미지근한 기독교인들을 독사와 회칠한 무덤에 비유하셨다. 하나님은 죄와 교만을 미워하시며 또한 하나님의 성령님으로 타오르는 사람들에 대해 비판하는 것과 우리의 하나님 없는 형식적인 신앙을 가증하게 여기신다.

라오디게아 교회의 문제는 그들이 믿음이 있다고 고백했지만, 그들 스스로가 자기 삶의 주인 노릇을 하고 있었다는 사실이다. 반면 예수님은 그들의 삶의 변두리에 밀려나 계셨다. 그들은 성령님의 인도하심을 받지 않는 사람들이다. 필요할 때만 말씀대로 행하고, 하늘의 어떤 기이한 표적이 있어야만 하나님께 순종할 수 있는 사람들이다! 현재의 삶에 너무나 만족한 나머지 물 위를 걸어 볼 필요를 전혀 느끼지 못하는 사람들이다!

만약 당신이 아직도 당신의 삶은 물론, 당신 주변 사람들의 삶에 주인 노릇을 하고 있다면, 당신은 라오디게아 교회에서 집과 같은 편안함을 느끼는 사람이다. 수많은 사람들이 소위 '자기 과신'을 갖고 살아가고 있다. 주목하라! 당신 자신을 믿는 것이 인생의 해답이 될 수는 없다! 당신의 힘으로는 아무것도 할 수 없다는 사실을 아직도 모르겠는가? 아직 이러한 현실에 직면해 본 경험이 없기 때문인가? 당신 자신을 믿지 마라! 하나님을 믿으라! 하나님을 과신하라! 그렇게 할 때, "내게 능력 주시는 그리스도를 통하여 내가 모든 것을 할 수 있느니라"(빌 4:13)는 말씀을 이해할 수 있다.

아직도 이렇게 미지근하고 자기를 과신하는 교회에 속해 있다면 계시록 3장 17, 18절을 통해 주시는 하나님의 메시지는 특별히 당신을 위한 메시지임이 틀림없다.

"네가 말하기를 나는 부자며 부요하고 아무것도 부족한 것이 없다고 하지만 너는 비참하고 가련하며 가난하고 눈멀고 벌거벗은 것을 알지 못하는도다 내가 너에게 권고하노니 내게서 불로 단련된 금을 사서 부요하게 되고 흰 옷을 사서 입음으로 너의 벌거벗은 수치를 드러내지 않게 하며 또 안약을 네 눈에 발라 보게 하라"

하나님은 이 구절을 통해 미지근한 크리스천들이 하나님께 돌아가기 위해 해야 할 일을 정확하게 알려주고 계신다. 즉, 하나님께 불로 단련된 금과 흰옷과, 안약을 사서 다시 돌아가야만 하는 것이다.

그분이 파는 금은 불로 단련되어서 모든 불순물이 다 제거된 정금이기에 이 금을 사는 사람들을 부자로 만들어 줄 것이다. 이 땅에 아무리 많은 부를 모아 봤자 결국에는 없어지고 도둑맞게 되는데도 불구하고 돈 자랑을 하는 사람들을 볼 때마다 측은한 마음이 든다. 오직 불로 단련된 믿음의 금만이 도둑맞지 않는다. 금은 불을 통과해야만 정금이 된다. 베드로전서 1장 7절에서 정확하게 말씀하신다.

"너희 믿음의 시련이 불로써 단련될지라도 없어져 버리는 금보다 훨씬 더 귀하게 되어 예수 그리스도께서 나타나실 때에 칭찬과 존귀와 영광을 받게 하려 함이니라"

두 번째로, 그들의 벌거벗은 수치를 가리기 위해 흰옷을 사라고 말씀하신다. 당신이 지은 죄의 진상을 깨닫게 되는 순간 완전히 발가벗은 느낌이 들게 될 것이다. 예수님의 보혈 외에는 그 어떤 것도 당신의 죄를 가릴 수 없다. 혼인 잔치에 참여하기 위해서는 반드시 예수님의 속죄로 옷을 입어야 하며, 그렇지 않을 경우 "더러운 옷"을 입고 문 앞에서 서성거려야만 한다.

그리고 마지막으로 안약을 사서 눈에 발라 시력을 회복해야만 한다. 사고 전에 나는 영적으로 장님이었다. 그러나 지금은 보게 되었다. 수건이 벗겨졌고 내가 보는 곳마다 하나님의 영광을 볼 수 있게 되었다.

이 성경 말씀의 가장 핵심적인 부분은 이 모든 것을 하나님께 사라고 하셨다는 사실이다. 이것을 사기 위해서는 대가를 치러야 하는데 돈이 아니라, 당신의 삶을 드리는 것이다. 구원은 거저 받은 것이지만 절대로 값싼 것이 아니다. 영적인 눈으로 보면 의의 거룩한 옷을 입고 불로 단련된 믿음을 소유하기 위해서는 가장 최고의 대가를 치러야만 한다. 바로 당신의 목숨이다! 그 이하로는 절대로 살 수 없다.

독자들에게 이 말만큼은 꼭 하고 싶다. 나, 리타는 한때 모든 것을 갖고 있다고 생각했었다. 나의 구원을 비롯해서 나와 관련된 모든 문제를 내가 완벽하게 통제하고 있다고 믿었다. 나는 하나님을 믿는 크리스천이라면 누구나 했을 성경 읽기와 기도를 규칙적으로 해 오고 있었다. 심지어 내 아이들에게도 기도를 가르쳐 주었지만, "하나님을 기다리는 법"에 대해서는 가르쳐 주지 않았다. 하나님이 우리에게 말을 걸어오실 것이라고는 나조차 상상하지 못했기 때문이었다.

이 모든 것이 중환자실에 서서 알도의 뇌에 대한 압력이 증가한다고 있다는 사실을 표시해 주는 계기판의 바늘과 모니터의 그래프를 바라보면서 완전히 바뀌었다. 내가 할 수 있는 일이 아무것도 없었다. 그저 망연자실하게 서서 아무것도 할 수 없다는 사실만 확인할 수 있었을 뿐이었다. 그때서야 생명과 사망의 능력이 오직 하나님의 손에 있음을 깨달았다. 내 손을 완전히 벗어난 일이었다. 아무것도 그야말로 아무것도, 할 수 있는 일이 내게 없었다.

내가 유일하게 할 수 있었던 일이 있었다면, 하나님 앞에 무릎 꿇고 앉아서 울부짖는 것뿐이었다. 그분이 내 마음의 문을 두드렸을 때, 나는 주저하지 않고 문을 열었지만 내가 벗었다는 수치감 때문에 그분을 올려다볼 수가 없었다. 그분은 내게 흰옷을 주시고 눈에 바를 안약과 금과 같은 믿음을 주셨다. 이러한 비극을 겪고 나서야 비로소 하나님께 문을 열어 드리고 기꺼이 나의 삶을 내려놓게 되었다는 사실이 부끄럽다. 이 말씀을 읽는 모든 사람들과 라오디게아 교회에 주시는 메시지는 간단하다. 하나님과 함께하든지 아니면 반대하든지 둘 중의 하나를 선택하는 것이다(마 12:30). 옳거나 그르거나 혹은 선과 악 가운데 오직 하나만 택할 수 있다. 회색지대는 존재하지 않는다. 그 중간은 없다. 중간이 바로 미지근한 것이다. "차든지 덥든지 하라." 고린도후서 6장 14절을 주의 깊게 읽어 보라. "…믿지 않는 자들과 멍에를 같이 메지 말라 의가 불의와 어찌 관계를 맺으며 빛이 어두움과 어찌 사귀겠느냐." 하나님을 택하든지, 아니든지 둘 중의 하나다.

하나님은 오늘도 당신을 부르고 계신다. 그분은 당신에게 말씀하고 계신다. "보라 내가 문 앞에 서서 두드리노라 누구든지 내 음성을 듣고 그 문을 열면 내가 그에게로 들어가서 그와 함께 먹으며 그도 나와 함께 먹으리라"(계 3:20). 지금 당장 그분께 문을 열어 드리지 않겠는가?

화려한 모자이크

　　　　　　　　　　우리가 걸어가고 있는 이
험난한 여정을 통해 한 가지 배운 게 있다면, 그것은 사랑이었다. 우리는 전심으로 하나님을 사랑하고 우리 자신을 사랑하는 것처럼 이웃을 사랑해야 한다. 결국은 사랑에 관한 것이다.

　우리의 열정을 하나님께 표현할 수 있는 유일한 방법은 우리의 육신의 소욕을 매일 죽이는 것이다. 모든 사람을 통제하려는 당신의 완강한 의지를 죽이고 제거하라. 당신의 의지는 반드시 죽어야만 한다.

　사고 이후 지난 3년간 내가 배운 것은 풍성한 생명을 받을 수 있는 유일한 길은 바로 하나님의 사랑을 먼저 경험해야 한다는 사실이었다. 이 세상에 그 무엇도 우리가 겪어야 할 고난과 고통을 덜어줄 수 없다. 하나님만이 우리에게 이길 수 있는 힘을 주신다. 나는 믿음이 깊어갈수록 더 하나님을 찾기 시작했다. 나는 하나님에 대해 허기를 느꼈다. 하지만 내가 세상에 관심을 두고 있을 때는 그 허기가 줄

어든다. 세상의 것을 좇는 데 너무 많은 관심을 쏟는 것은 마치 군것질을 너무 많이 해서 막상 맛있는 식사는 제대로 하지 못하는 어린아이와 같다. 본 요리가 나올 때까지 기다리는 법을 배워야만 한다. 나는 이제 하나님을 기다리는 법을 배웠다. 나의 일방적인 기도 스타일이 달라졌다. 이제는 하나님이 말씀하실 때까지 기다리게 되었다. 살아 계신 하나님과 사랑의 관계를 맺는 것은 "패스트푸드"를 먹는 것과는 다르다. 하나님을 기다릴 때, 계시와 능력과 기름부음 역시 따라온다.

하나님의 말씀만이 나의 유일한 닻이다. 말씀이 진리이며 하나님을 섬기는 것이 곧 지혜다. 당신의 영혼을 말씀으로 먹이라.

"좀 더 예수님을 닮자"라는 표어는 한때는 내게 공허한 외침처럼 들렸었다. 그러나 이제는 내 삶의 가장 중요한 목표가 되었다. 내가 예수님의 임재 안에 더 오래 머물러 있을수록 그분을 더 닮고 싶어진다. 나를 통해 오직 예수님만 드러나셨으면 좋겠다. 고린도후서 3장 18절에 이 말씀이 강조되어 있다.

"그러나 유리를 통해 보는 것같이 수건을 벗은 얼굴로 주의 영광을 보는 우리 모두는 주의 영으로 말미암은 것같이 영광에서 영광에 이르는 똑같은 형상으로 변모되느니라"

나는 내 삶의 모든 주도권을 그분께 양도해야만 했다. 알도의 미래가 하나님의 손에 있다는 사실을 받아들이고 입술로 고백해야만 했다. 그분은 우리를 위해 멋진 계획을 갖고 계신다고 믿는다.

"우리 하나님은 소멸케 하시는 불"(히 12:29)이기 때문에 내가 하나님께 더욱 가까이 갈수록 내 영은 맑아진다.

사람들은 내게 알도가 어떻게 하나님의 음성을 듣는지 자주 질문하고는 한다. 알도는 내가 이렇게 질문하자 "민수기 12장 6절에서 8절을 읽으세요, 엄마"라고 글로 써 주었다.

"…만일 너희 가운데 선지자가 있으면 나 주가 환상 가운데서 그에게 나를 알게 할 것이요 꿈 가운데서 그에게 말할 것이니라 나의 종 모세는 그와 같지 아니하니 그는 나의 온 집에 신실하니라 그와는 내가 대면하여 분명히 말하고 난해한 말들로 아니하며 또 그가 주의 모습을 볼 것인데 어찌하여 너희가 내 종 모세를 비방하기를 두려워하지 않았느냐"

이 말씀을 보면 모세의 누이인 미리암은 동생 모세를 비방한 것에 대해 하나님께 엄중한 문책을 받았다. 그녀는 왜 하나님이 다른 사람이 아닌 오직 모세하고만 직접 대면해서 말씀하시는지 알고 싶어 했다. 하나님은 위 말씀에서 하나님이 말씀하실 대상을 직접 선택하신다고 분명하게 말씀하고 계시며, 알도를 그 대상으로 지목하셨다고 말씀하셨다. 사람들은 이와 같은 기적에 대해 자주 회의를 표하지만 평범한 어린아이를 택해서 지혜로운 자를 가르치려는 하나님의 방법이 아니신가 싶다.

성령님은 예수님의 제자들이 예수님이 행하신 기적을 보고 예수님과 함께 걸으면서도 예수님을 여전히 의심하고 있었던 사실을 내게 지적하셨다. 의심하기로 선택하는 사람도 있고, 믿기로 선택하는 사람도 있는 것 같다. 진리의 영이 이 책을 읽으면서도 의심하는 사람들의 마음을 일깨워 주시기를 기도한다.

나는 매일매일 하나님의 초자연적인 경험을 표현할 수 있는 귀한 기회를 갖게 된 것에 대해 감사를 드린다. 하나님은 우리를 정금같이 나오게 하시려고 불 시련을 통과시키기도 하시지만, 그분의 사랑과 따뜻한 온기로 우리를 감싸 주시는 것 또한 잊지 않으신다. 우리 안에 타오르고 있는 불이 없다면, 이 어두운 세상을 살아가는 것이 불가능할 수도 있다. 하나님의 불은 이 세상의 냉혹한 어둠을 파괴하는 강렬한 빛이기 때문이다.

하나님께 당신 안에 있는 모든 것을 하나님의 불로 태워 달라는 기도를 드리라고 권면하고 싶다. 하나님은 그분의 불을 당신께 주고 싶어 하신다. 당신이 꿈조차 꾸지 못했던 엄청난 일이 당신을 기다리고 있다는 사실을 믿으라.

나는 하나님을 찬양한다! 그분은 산산조각난 도자기 파편을 사용해서 화려하고 아름다운 모자이크를 만들어 가시는 분이다.

> 주님, 저는 당신의 빛 가운데 살고 싶습니다.
> 당신이 저의 첫사랑이며 내 삶의 전부 되십니다.
>
> -리타

하늘에서 온
메시지

초판 발행 | 2011년 7월 15일
3쇄 발행 | 2019년 1월 2일

지은이 | 리타 & 알도 맥퍼슨
옮긴이 | 전희원

펴낸이 | 허철
총　괄 | 허현숙
편　집 | 송수자
디자인 | 디자인채이
인쇄소 | 예원프린팅

펴 낸 곳 | 도서출판 순전한 나드
등록번호 | 제 2010-000128
주　　소 | 서울특별시 강남구 언주로69길 16, (역삼동) 2층
도서문의 | 02) 574-6702　　편 집 실 | 02) 574-9702
팩　　스 | 02) 574-9704
홈페이지 | www.purenard.co.kr

ISBN 978-89-6237-186-4　　03230

A message from God